CRISTINA OLIVEIRA

SOU MAIS QUE A MINHA DOENÇA
Sonhos, desafios e superação

Rio de Janeiro, 2021.
Editora Vermelho Marinho

O texto deste livro está de acordo com o Novo Acordo Ortográfico Brasileiro.

Autora: Cristina Oliveira
Consultoria de Escrita: Central de Escritores, Rose Lira e Gabriella Maciel
Capa e consultoria de edição: Francisco de Oliveira Brasil
Revisão: Maria Helena Magri
Capa e Ilustrações: LEO
Editor-chefe: Tomaz Adour da Câmara
Projeto Gráfico: Natália Vieira

Dados Internacionais de Catalogação na Publicação (CIP)
Fabio Osmar de Oliveira Maciel – CRB-7 6284

O48s
Oliveira, Cristina
Sou mais que a minha doença: sonhos, desafios e superação / Cristina Oliveira. – Rio de Janeiro : Vermelho Marinho, 2021.
158 p. ; 21 cm.
ISBN 978-65-86082-30-2
1. Autobiografia - Brasil. 2. Memória autobiográfica. I. Título.

698-013-20 CDD : 920.092281

Índice para catálogo sistemático:
1. Autobiografia - Brasil: Biografia 920.092281

VERMELHO MARINHO

EDITORA VERMELHO MARINHO USINA DE LETRAS LTDA

www.editoravermelhomarinho.com.br

A todos os invisíveis que fazem a diferença.

SUMÁRIO

PARTE 3

ENTRE O ESPELHO E O REFLEXO:
A REALIZAÇÃO DE CUIDAR

PREFÁCIO

"Sou mais que minha doença!"

Frase curta, incisiva e desafiadora. Quem é essa mulher bonita que, confiante e serena, levanta a cabeça, olha para a frente e sorri, rodeada por borboletas, que evocam beleza, fragilidade, mas também transformação?

A capa me chama. Aceito e começo o percurso, conduzida pelo texto que flui, ora alegre, ora tenso e sempre instigante. Deixo-me levar, gostosamente.

De saída, preciso dizer que o convite de Cris despertou em mim várias emoções: senti-me extremamente honrada e orgulhosa – como não poderia deixar de ser; muita alegria, por vê-la forte e confiante, partilhando seu Diário de Bordo, de forma generosa e íntegra. Foi também uma surpresa, pois não sabia de sua elaboração.

Cris e eu nos conhecemos há muitos anos – já não sei dizer quantos. Não tem a menor importância, pois amizade não se mede pelo tempo. Fomos apresentadas por um amigo comum, muito querido. A sintonia foi imediata; como não poderia deixar de ser. Simpatia irradiante, sorriso aberto e vibrante e a sensação de que já nos conhecíamos.

Desde esse primeiro momento, nunca nos perdemos de vista. Cada telefonema, e-mail ou encontro renovava a certeza: a amizade estava viva e a conversa continuava, como viajantes cujos caminhos eventualmente se cruzam e partilham informações importantes sobre o aprendizado.

Ao longo do livro, identifiquei momentos em que nos encontramos de forma mais frequente, como quando organizou para mim uma viagem inesquecível, encaixando voos, hotéis, passeios e receptivos de forma primorosa, durante 30 dias e dois continentes. Tudo funcionou perfeitamente. Quando voltei, marcou uma reunião porque fazia questão de saber dos detalhes, o que tinha funcionado e o que não tinha dado certo. Sua capacidade de organizar - não, de harmonizar – situações, pessoas e condições – que fica aparente em vários episódios do livro é uma realidade.

Fiquei encantada ao conhecer as Estórias Diferentes e seus personagens. Quanta delicadeza, sensibilidade e poesia! Vejo a criação desses territórios mágicos como uma alquimia da alma: Cris soube transmutar sofrimento em apoio a pequenos viajantes, pais, professores, profissionais da saúde. Era outra versão da Ipê Viagens, desta vez conduzindo ao mundo interno. Caminhos foram mapeados, companheiros se apresentaram e guias de viagem foram fornecidos. O que tinha potencial para ser uma viagem de medo e sofrimento, com monstros à espreita, foi transformado em um mundo iluminado, porque conhecido: agora é possível desbravar esses lugares, que podem ser internos e trazer tristeza ou apatia, passar por uma cirurgia e ficar em ambiente estranho ou até pegar um avião.

É possível sair mais fortalecido e seguro, pois há uma cartografia, desenhada por mão amorosa de quem lá esteve.

Saber como as Estórias começaram trouxe sensações de Ahá! Agora sim, entendi de onde vieram os nomes da Floresta dos Rolls, Regolish e dos personagens, como Chida, que sempre me intrigaram.

Deixo o meu convite: venha conhecer a Cris, amiga querida, que sabe entrelaçar amor, integridade, generosidade, criatividade, magia e resiliência, contribuindo para fazer desse um mundo melhor – para Todas e Todos.

Marta Gil

Coordenadora Executiva do Amankay Instituto de Estudos e Pesquisas (www.amankay.org.br); consultora na área de Inclusão de Pessoas com Deficiência.

"Sobre as túnicas secas, ou clarins de poeira,
O menino perdido se ilumina
Pela luz azul das frestas existentes.
Quer explicar aos guias encontrados
O bronze das palavras,
Como um artesanato se vertendo
Em consoantes mágicas
Soltas e livres.
Como o minuano dos antigos planaltos
Procurando, ávido, os rostos amigos
Pelos lugares que testemunhei"

Mano Zeca - José Eduardo de Oliveira (1942 – 1986)

PRÓLOGO

Será que sou uma ET?

Já na infância, a sensação de inadequação era tanta, que o dissolver-se, ou o "tornar-se invisível" passou a ser uma constante. Eu adorava encontrar recantos inacessíveis aos adultos, aonde pudesse ficar lá, quieta, dissolvendo-me na paisagem...

A intensidade desses sentimentos, com permanente sensação de desassossego, fez com que eu buscasse outras vias de escape. Foi através da leitura que criei a capacidade de entrar dentro dos personagens e através de diferentes mundos, viver outras realidades fora de mim. Mecanismos criados desde a infância que até hoje me acompanham e, confesso, me salvaram em alguns momentos e salvam até hoje.

A permanente sensação de desajuste a tudo e a todos é um grande fardo emocional. Comparando, seria como estar em um terreno pantanoso, sempre ansiosa e constantemente à espera de um escorregão para cair, afogar, desaparecer.

Ter saído de uma cidade como o Rio de Janeiro, borbulhante em sol, cores, movimento, mar e descontração, para morar em uma cidade do interior do Rio Grande do Sul, fria, cinzenta, brusca, contribuiu ainda mais para o sentimento de inadequação.

O "xiado" incorporado ao "carioquês" virou atração de circo, no recreio da escola. Minha timidez alcançava dimensões desproporcionais ao me ver rodeada de gente que queria me escutar "falar estranho".

Ser muito magra e estrábica só aumentou a desdita.

Várias vezes, frente a uma situação difícil ou ao me sentir deslocada, precisando de ajuda, busquei aliados nos diversos personagens das histórias encantadas para me sentir protegida, amada e capaz de seguir adiante.

Nesse processo, o encantamento pelo "mundo mágico" dos contos e romances foi de tal monta que, por vezes, necessitava me beliscar para voltar ao planeta Terra.

Definitivamente sentia-me tal qual um E.T. – e provavelmente o fui, na minha infância e juventude. Havia um descompasso na percepção dos fatos e nos sentimentos que afloravam em mim. A voltagem sempre foi outra, desencontrada.

O simples caminhar com as amigas e passar pelos cachorros de rua, que eram muitos, era um transtorno. A maioria delas sequer os percebia. E eu fazia um enorme esforço para não demonstrar o medo irracional e virar chacota da turma. A tensão era tanta, que até perdia o rumo da conversa.

Assistir a qualquer demonstração de violência, mesmo entre desconhecidos, fosse física ou palavras ferinas, doíam dentro de mim. E geravam um enorme desassossego, pois me via entre a vontade de demonstrar indignação e o medo de enfrentar aquela situação. Esse desencontro de sentimentos era tão grande que, por vezes, sentia vontade de vomitar, por não saber lidar com o que ocorria.

Tenho a firme convicção de que para pessoas "ETs" como eu, deveria ser criado um curativo especial. Costumo me referir como um "*Band-aid* pra alma", tal o sofrimento interno que nos deixa em carne viva nesse descompasso de emoções.

Para não afundar no pântano do medo, fui criando personagens próprios, capazes de resistirem às diferenças, personagens que, atualmente, acompanham-me, não mais no imaginário, pois ganharam forma e funcionalidade.

Desde cedo, li muito, destaquei-me nos estudos e nas peças teatrais da escola. Criar e representar personagens foi o caminho que encontrei para fazer a mágica de ultrapassar os limites dos livros e a enfrentar a vida real.

Com o passar do tempo, meus personagens foram se adaptando a novas realidades, formando uma couraça de proteção. E da criança tímida me transformei na jovem desafiadora e com anseios libertários.

A maior definição da palavra *contradição* foi construída na convivência dos meus medos irracionais e no encantamento pelo perigo.

Foram tempos vertiginosos na adolescência: dos concursos de poesia para os folhetos políticos perigosos; do Apostolado da Oração, para a embriagante sexualidade.

É nessa intensidade contraditória de sentimentos que vai se forjando a adulta que oscila entre medos, lágrimas, palavras duras de militância e um fervoroso senso de justiça social.

E é aí que surge o desafio de não se perder no pântano pegajoso de um coletivo partidário violento de combate à ditadura e se construir como mulher e como mãe. *Mia Couto*, escritor e poeta moçambicano, em um dos seus versos afirma que "*um filho, afinal, é quem dá à luz a mãe. Pois cada menino nascido faz nascer uma mãe.*"

E assim foi.

Uma trajetória de vida mais que intensa, borbulhante, com o desafio de lidar com a adversidade de uma rotina de sobrevivência de quem optou por não sucumbir à mesmice.

Continuar a ser um ET, com o passar dos anos, gera um sentimento de desequilíbrio interno muito grande. Os dragões dos contos de fada, que antes protegiam, agora passam a ameaçar. Os imaginários e incríveis jardins floridos que antes pacificavam, estão sendo queimados pelo fogo que eles exalam...

Entender cada nova situação, focar no mundo real e descobrir o real significado – ou o dito "diagnóstico", de ser uma ET, foi o maior desafio que enfrentei.

E a minha força, antes dita mágica, passou a ser concreta.

O maior desafio a ser conquistado passou a ser lidar com a adversidade interna, encontrar nela caminhos de equilíbrio, sem deixar de ter o mesmo fio condutor que move a Cristina desde sempre, que me renova e me reforça.

Jamais ser vítima ou heroína. Traçar caminhos de integridade pessoal em uma dinâmica, onde o coletivo importa e a ação solidária fortalece. É assim que me percebo como uma, e outros tantos, e me fortaleço.

É aqui, neste contexto, que começo a contar e convido você a entrar nos sonhos, desafios e superações de quem é mais que sua doença.

Parte 1

ENTRE A SOLIDÃO E O MEDO:

A REALIZAÇÃO LIBERTÁRIA

O TAPETE MÁGICO E A MAGIA INTERIOR

A infância e a descoberta das diferenças

As lembranças da minha infância no Rio de Janeiro, são difusas a esta altura da vida. Saí de lá muito pequena e corro o risco de reproduzir versões contadas por terceiros mais do que propriamente minhas lembranças.

Percebo os sentimentos que marcavam. Meu pai, ternura e certa distância. Minha mãe, o cuidado eficaz e taciturno. O sonho era dele, o dia a dia era com ela.

Eu era a caçula de uma turma de amigos dos meus irmãos mais velhos. Me acostumei, desde cedo, a conviver e me esgueirar nas brincadeiras arriscadas.

Se tem algo que ficou marcado da minha curta vivência no Rio de Janeiro, foi o de estar nos ombros do meu pai, lá no ponto final dos bondes, na Marquês de São Vicente, assistindo ao Circuito da Gávea (corrida automobilística em circuito de rua). Lembro da vibração com a "baratinha" prateada do Fangio. Mas, o que mais me impressionou foi o Chico Landi com seu número 5 e sua "baratinha" amarela. Foi minha cor preferida por muitos anos. Confesso que nem sei se é real o tal número 5. Mas ficou na minha memória afetiva de encantamento com as corridas de carro, em especial, a Fórmula1.

A criança carrega dentro de si as lembranças dos humores dentro de casa.

Tenho na memória, lembranças de uma mãe preocupada com sobreviver no dia a dia, manter filhos impecáveis, nas boas escolas e o pai enfrentando sabe-se lá o quê, para uma criança interpretar seu isolamento, atrás de um jornal, lido de ponta a ponta todos os dias.

Somente anos mais tarde, através das suas histórias, soube que tinha sido aeronauta – radiotelegrafista e depois copiloto. E que abandonou a carreira para dar segurança à família que estava consternada com a perda do cunhado, seu colega, na Panair do Brasil, em um acidente aéreo. Ele abandonou seu sonho para exercer a profissão que havia escolhido anteriormente – cirurgião dentista.

Em conversas tensas, a portas fechadas, decidiu exercer sua profissão, que não estava em boa fase, em uma cidade do interior do Rio Grande do Sul, onde seu cunhado era médico. Da decisão de mudar do Rio de Janeiro para Passo Fundo, só lembro da viagem de carro em família e de passar por uma cidade enorme – a tal São Paulo, em festa pelos seus quatrocentões sendo comemorados com a inauguração de um parque imenso – o tal Ibirapuera. E que mansões maravilhosas!

A chegada a Passo Fundo foi impactante.

Da praia - para o frio e a umidade. Um clima completamente diferente. Eu tinha a impressão de que meus ossos congelavam, cristalizando minha alma junto. Frio que não estava só na temperatura, mas nos adultos. Descobrir-se prima, neta e sobrinha e, ao mesmo tempo, estrangeira dentro de casa e na cidade pequena, não foi fácil.

Da convivência em um prédio cheio de amigos e brincadeiras nos arredores do "pé do morro" da Gávea, para um quarto de hóspedes e um "NÃO PODE" a cada momento, só fez aumentar a timidez e o desassossego interno.

Conseguimos, finalmente, mudar para uma casa "nossa". Foi um sonho – um amplo apartamento em cima de um cinema. Tão grande que abrigava a residência e o consultório odontológico. Tinha uma enorme área interna, onde meu irmão Zeca construiu um viveiro de pássaros, os mais variados, que interagiam com ele de uma forma mágica; muitos passavam o dia voando livres pela praça em frente e voltavam ao entardecer. Um apartamento que propiciava aventuras! Havia uma porta (tida como secreta e trancada) que dava passagem para a parte de cima do cinema e de lá assistíamos a todos os filmes possíveis. A indicação "*para maiores de ...*" era o convite mais eficaz para nos arriscarmos entrar no Cine Real.

Minha mãe era a enfermeira do meu pai, cirurgião dentista. Ele sempre muito detalhista, mandou fazer, para a sala de espera, cadeirinhas coloridas para as crianças. Eu adorava ficar lá, conhecer os tais "pacientes" que iam com um desassossego e terror ao dentista, principalmente as crianças. Impressionava-me aquele medo de uma pessoa tão tranquila como meu pai. Mas o barulho da broca não ajudava em nada a acalmar quem estava na sala de espera e, por vezes, escutavam os "grunhidos" de quem estava sendo tratado. Vamos combinar que até hoje, tratar de um canal, por exemplo, não é nada ameno...

Foi ali que comecei a contar histórias para distrair aquelas crianças, muitas até mais velhas do que eu. Surgiu então a ideia de desenhar a "Sra. Seringa" e a "Sra. Broca", como aliadas no combate ao inimigo comum, a "Cárie". E na sala de espera, surgiu uma mesinha para as crianças colorirem desenhos de dentes bonitos e seringas amigas. A "Dona Escova de Dente" e a "Sra. Pasta". Desenhos reproduzidos na base do papel carbono...

***

Como caçula, tive a sorte de ter dois irmãos que foram minha referência de vida. O mais velho, era uma espécie de "encantador" de aves e bichos. E era de uma criatividade e desassossego ímpar. Sempre com histórias, muitas aventuras e até diria "diabruras" para meu lado. Foi dele que aprendi a história ao contrário – deitar para dormir no início das aulas e brincar de acordar no primeiro dia de férias. Quantos dias sem dormir direito, após histórias de terror contadas e encenadas por ele. E quantas aprontadas! Nunca esqueço o dia que pegou uma das cadeirinhas da sala de espera, instalou as rodinhas do meu carrinho de bonecas, colocou-me sentada e, para me "proteger", me amarrou e me fez deslizar morro abaixo na nossa chácara; fecho os olhos e ainda lembro dos trancos e barrancos, das piruetas e escoriações. Daquele dia em diante, ao invés de ser o *Maninho*, passou a ser chamado de *Zeca*, como reprimenda e lembrete dos limites das brincadeiras. O mano *Carioca*, era o "do meio". Tão criativo quanto o Zeca, inseparáveis em suas aventuras, muito próximos. E foram vários seus apelidos: *Chidado* (interpretação do nome Luiz Eduardo no "chiado" carioca) e depois mais simplificado: *Chida*. Mais quieto, muito mais decidido no que queria e extremamente protetor comigo.

O tapete mágico que aparecia com minhas leituras também despontava nas aventuras com meus irmãos. Através das brincadeiras, eu me transportava mundo afora.

Eu passeava entre Roligon e Regolish – cidades criadas por cada um deles, que disputavam escudos, armaduras, muralhas e castelos.

Dias de chuva, castigo ou véspera de provas, ficávamos lá sentados, quietos, "estudando". Emociona-me lembrar desses momentos, em que calados, eles criavam, céus!!! Que mundos! Que imaginação! E eu lá, quieta, "grudada" no mano Chida, absorvendo toda aquela magia....

Uma folha em branco era rabiscada a lápis, de olhos fechados, com vai e vem sem direção certa. Isso feito, começava a brincadeira com borracha e lápis. Os rabiscos incertos eram tuneis dentro de uma montanha. A magia da borracha e do lápis, construía escadas, compartimentos, acessos, vários bonequinhos em ação. E uma cidade inteira com veios de água, túneis de ar, ia sendo formada. Que tardes!

Quando visitei a Capadócia, na Turquia, com suas cidades subterrâneas, me transportei para as brincadeiras da infância. Foi quase uma sensação de *déja vu*.

Sair da confortável situação de ser a caçula dentro de casa para a vida escolar, onde o "carioquês" era atração no pátio da escola, foi um impacto. As risadas abertas ou camufladas com meu chiado ao falar, tão diferente dos gaúchos e suas expressões, tinham o peso de algo doendo ou se quebrando por dentro.

Eu cheguei disposta a aceitar e ser aceita. Precisava dessa proximidade, mas fiquei completamente sem chão nessa mudança.

E ansiedade foi num crescendo...

E o medo virou aliado do desassossego. Baratas voadoras, besouros cascudos, mariposas. Céus! Com certeza, fizeram uma convenção na minha chegada ao Sul do país para infernizarem minha vida.

Depois foram os cachorros e os gansos...

Meu pai costumava brincar que, quando eu estava andando na rua, bichos e insetos se encontravam e diziam: *"olha, lá vem ela, preparem-se para assustá-la..."*.

Sair de dentro do mosquiteiro para fazer xixi à noite, era o maior dos suplícios. Lá ia eu em um mantra em forma de oração contratual... *"Sra. Baratona, se não aparecer nessa hora, prometo não matar suas baratinhas..."*.

O descritivo de cenas cotidianas como essas, pode até passar desapercebido para muitos, mas tenham a certeza de que, para grande parte das crianças, eles existem e têm proporções gigantescas.

Medo bobo ou desproporcional para a realidade de uns, absolutamente verdadeiro para outros.

Desde muito cedo aprendi a "engolir o choro", para despistar a demonstração de medo ou, confesso, até mesmo pânico em alguns momentos. Tanto empenho em ocultar e ainda fui taxada de "manteiga derretida". Momentos difíceis, com certeza.

Em tempo de guerra com meus medos internos, há que se encontrar aliados. Fui buscá-los, incansavelmente, através da leitura, onde heróis imaginários de contos encantados me protegiam. Onde o tempo de leitura me permitia voar, espairecer, como o tal tapete mágico das minhas aventuras com os irmãos, levando-me através dos mundos, onde era sempre acolhida e vitoriosa.

Nessa empreitada, tive um aliado humano – meu pai. Escutá-lo, lendo ou contando alguma história na hora de dormir, acalmava. O cuidado de colocar um copo de água na mesinha de cabeceira para "não correr riscos" ao ir à cozinha, ou ir na frente, acender a luz do banheiro, quando acordava e percebia minha agonia, fizeram a diferença.

Os passeios com ele eram incríveis. Não havia apenas as ruas a serem percorridas para chegarmos ao destino. Eram caminhos transformados em histórias ou observações; uma pedrinha encantadora aqui ou ali... *"olhem só aquela flor que se atreveu a nascer no meio das pedras!" Ria encantado e continuava – "amarelinha... que cor bonita, pétalas aveludadas..."*.

E por aí ia, como se a vida fosse um conjunto de crônicas descritivas de um cenário de aventuras e sonhos.

Um provedor inesgotável de livros; coleções como Tesouro da Juventude, Obras Completas de Monteiro Lobato, Enciclopédia Ilustrada, Seleções Reader's Digest, Os Mais Belos Contos de Fadas do Mundo, Obras de Guy de Mapaussant, enriqueceram minha infância e juventude.

Um sonhador que contrastava com sua rigidez moral e timidez galopante. Nada de fumo ou álcool. Não se diz cueca ou calcinha – mas sim peças íntimas. Nada de abraços. Só muita ternura através da oralidade tão prolixa nele.

Havia encontros após o jantar, para termos momentos de leitura em família. Cada um de nós lia algum trecho de uma história escolhida, para aprimorar a dicção e leitura. *"Pausa no parágrafo, tome ar nas sílabas, entenda as palavras e sua acentuação..."*

A segurança vinha da figura materna. Linda. Elegantíssima, mas com permanente tristeza no olhar e um ricto de amargura na expressão. Quando sorria, ah... que beleza!

Abraçá-la era chegar num porto seguro. Fecho os olhos e imagino essa tal cena do porto seguro... com certeza, um pontilhão de madeira que avança em águas profundas de um lago escuro. Pontilhão com madeira desgastada, solitário e triste; mas seguro.

***

Ter destaque como inteligente e dedicada aos estudos não angariava simpatia. Era necessário ter destaque nas "aprontadas". E criatividade não me faltava. Os desafios da época eram simples – usar esparadrapo nas unhas pintadas, inventar o dia da Maria Chiquinha ou do Rabo de Cavalo, como protesto mudo às proibições no colégio, de unhas pintadas e cabelos penteados. Fui taxada de "líder negativa" pela diretora, mas angariei muitas amigas.

Superar a timidez (quanto ódio ao "escarlate" do rosto por qualquer comentário ou olhada) e abrir caminho nas intempéries, foi muito difícil. Havia momentos que parecia que meus enfrentamentos eram como um bando de gansos, ferozes, implacáveis... e todos eles internos. Hoje, ao acrescentar aos meus pavores, as mariposas, costumo dizer que nos momentos mais intensos, há bandos de mariposas no meu estômago.

Antes mesmo de pensar em cursar Filosofia, eu já convivia, diria de uma forma até familiar, com a dialética.

A contradição de ser tímida e medrosa com o incrível impulso de testar limites e não se deixar abater foram marcas registradas.

Passear pela praça em frente ao nosso edifício, era algo que exigia um cuidado materno no vestir. Tranças bem feitas com laços de fita xadrez, enormes. E aqueles odiosos aventais brancos, absolutamente engomados, que restringiam movimentos; sapatos de verniz, ou apertados ou folgados, que escorregavam e me impediam de correr. E lá ia eu, meio jogada às feras; a maioria correndo, pulando, escondendo-se e eu, ali meio travada, com cara de boba. Mas havia momentos de glória. Tinha uma turminha de meninos que aterrorizavam as meninas. Os cúmplices, iam na frente, alardeando a chegada do tal "guri" furioso, *"saiam, saiam, que o 'fulano' tá vindo e ele não quer ver ninguém na frente dele..."* e as tais meninas livres, leves e soltas, saíam correndo a se esconder.

E a engomadinha, mesmo com mariposas e nós no estômago, ficava ali – entre a travada e a teimosa, sem arredar o pé. Tinha bravatas de olhares, empurrões, fitas de cabelo desatadas, avental sujo. Mas que prazer não deixá-lo ver as lágrimas e as dores que viriam depois. Que prazer do enfrentamento! E fui fazendo parte do caminho dele, sem maiores problemas... já tentei lembrar quem poderia ser, não tenho a menor ideia. Só me lembro do olhar, ora de ódio prepotente, ora de espanto pela minha resistência...

***

O teatro foi outro aporte dialético – o medo do público, o medo de errar e o encantamento pela fantasia do personagem enfrentando a plateia. Aprendi muito com a técnica de sorrir, passar a mão pelo rosto e apresentar tristeza. Ou mostrar susto, retornar a mão pela face e expressar alegria.

Teatro é isso – a incrível capacidade de demonstrar as emoções, intensas ou não, dentro do personagem ali assimilado.

Essa é uma lição que me acompanha desde sempre – o uso das minhas máscaras pela vida afora. Você pode estar desmoronando, com a alma em pedaços e apresentar serenidade. Morrer de medo, com um semblante de "paisagem".

Foram essas máscaras que me permitiram levar adiante a rotina diária, mesmo com o tumulto interno que sempre convivi. Altos e baixos de humores.

Intensas dores de alma, ódios profundos, submersos na placidez de quem está, supostamente, lendo ou mirando o infinito...

O crescer trouxe mudanças significativas. Meu pai, o tal aliado humano, distanciou-se, porque agora eu era uma mocinha...

Minha mãe começou a sorrir mais, iluminar-se em dias de festinhas e bailes. Era como se caminhássemos juntas e tudo foi ficando iluminado, cheio de ideias e sonhos.

Que eram os dela, não os meus.

E a inquietação ficou outra.

A MENINA DA PELE DE BISCUIT FRANCÊS

Uma adolescência em busca do equilíbrio entre o que deve ser e o que é

As mudanças de relacionamento dentro de casa, vieram junto com a mudança de residência, agora o consultório separado da moradia. A convivência na sala de espera do consultório foi substituída pela vizinhança da nova morada, onde o edifício, em frente, era um centro de convivência e amizades.

Havia assobios e senhas de contato. Foi nessa rua que instalaram uma TV, onde todos nos reuníamos para, quando ligasse a torre de transmissão, assistirmos, muito quietos, ao noticiário que, na época, creio que era o "Repórter Esso" e, como prêmio, a novela "Xeique de Agadir". Em alguns dias, seguíamos com jogos de carta, sendo o "dorminhoco" o mais comum. Rostos sujos de carvão ou prendas a serem pagas. Está gravado na minha memória afetiva o acolhimento generoso da vizinhança.

Foi nessa rua que o vizinho ao lado, dono de uma gráfica, gentilmente me fornecia sobras de papel, animado talvez, com meu entusiasmo para fazer uma escolinha onde os deveres de crianças menores eram esclarecidos e reforçados. A iniciativa ficou conhecida, tive amparo em quintais dos vizinhos para a montagem das tais salas de aula.

Foi nela que aprendi a datilografar, naquelas máquinas enormes, duras, que a cada ASDFG, o dedo mindinho entortava.

Fecho os olhos e minhas memórias chegam a galope, consigo sentir o cheiro de pão fresquinho da padaria em frente; perceber o adocicado do pão enroladinho com creme em cima. Da vez que peguei um dinheiro de presente e gastei na venda da esquina com dois pacotes de biscoitos tipo *wafles*, um de chocolate e outro de morango (até hoje não consigo mais comê-los).

Foi nessa rua que me surpreendi com o medo de engravidar. Havia na esquina, um casal querido, tinha amigas por lá e eles tinham 10 filhos. 10!!! Impressionou-me demais 10 filhos!!! Eu achei que se a gente olhasse fixo, bem dentro dos olhos de algum menino, ficaria grávida....

Foi nessa rua que sofri com o total descompasso do companheirismo entre os vizinhos e a solidão dentro de uma casa, onde os irmãos foram estudar em outra cidade.

Aguardava ansiosa as migalhas de convivência com os irmãos, em épocas de férias. Ou mesmo, nos domingos combinados, indo à telefônica, aguardar a chamada a cobrar desde Porto Alegre, para saber um tantinho deles. As ligações, muito caras, eram rápidas, eu só escutava os ecos das vozes deles e as palavras dos meus pais que se misturavam com aquela balburdia de sons de um posto telefônico do interior, onde a negociação da venda de um porco tinha o mesmo volume de uma declaração de saudade.

***

Foi nessa época que percebi o quase total

afastamento do meu pai dedicado ao seu consultório separado de casa e a intensidade da proximidade da minha mãe, escolhendo minhas roupas, modelos, tipo de cabelo ou cor das unhas.

Passei das peças teatrais para a declamação de poesias. Concursos e apresentações para encontros das "senhoras domadoras" no *Lions Club*.

A perturbação interna ganhou uma voltagem descabida. Uma revolta de ser a filha idealizada em contraponto com a enorme vontade de me encontrar.

O que era prazeroso no treino das peças teatrais virou pesadelo na necessidade de decorar as poesias escolhidas por terceiros. A rebeldia se revelou em desafiar o imposto, decorando 3 a 4 poesias diferentes de uma vez só, passear através delas, criando outras tantas, em silêncio obediente, até travar completamente, diante de um público imenso e nunca mais voltar aos tais palcos, para vergonha da minha mãe e enorme júbilo meu.

Além da turma dos vizinhos de rua, havia um companheirismo consolidado entre as colegas do colégio aonde estudei do jardim de infância à formatura da Escola Normal. Éramos cumplices nas brincadeiras de tocar a campainha e sair correndo, ou então, dar passos atrás e ir chegando com cara de santas a quem ia abrir a porta enraivecido... Disputávamos, silenciosamente, a ida ao cabelereiro no final de semana, nas temporadas de festas de aniversários. E foram muitos!

Ir e vir entre a missa das 10h e das 11h, pela rua em frente à Catedral, no meio de um corredor formado pelos meninos era uma aventura. Ou dar volta pela praça, com risadinhas e segredos.

Ensaios fotográficos, preparação para o baile das debutantes, intenso movimento em torno do meu aniversário de 15 anos, foram em uma voltagem descomunal para meus desassossegos internos. Algo ia se avolumando na minha alma. Sentia-me completamente afogada na alegria da minha mãe preparando esse ano de *debut*. E as pequenas notas na página social do jornal, apareciam: *A menina da pele de biscuit francês*, impecável como uma senhorita...

Qual a valsa, qual a decoração da festa, que vestido usar no baile das debutantes, o bordar missangas e pedrinhas; como conciliar falta de dinheiro e apresentação social, os sacrifícios a olhos vistos de uma mãe dedicada, fazendo esforços enormes para me vestir com vestidos bonitos – lindamente idealizados, confeccionados e bordados por ela.

E eu ali querendo jogar bola, andar descalça e subir em árvores.

De novo o contraditório se agitando. A aflição em aumento.

Completar 15 anos foi um marco na minha vida. Brilhei em elegância com um vestido incrível de veludo branco e aplicações de pequenas flores coloridas. Completava o figurino, um casaco de contos de fadas no mesmo estilo. Veludo, flores suaves, pequenas pérolas, gola de pele, em perfeita harmonia. Confraternizei com minha família, com as queridas colegas, todas lindas. Tenho até hoje álbuns recordando as mensagens, fotos em frente a um bolo, lembrando os contos de fadas, um castelo com janelinhas de celofane vermelho! Dancei a valsa com meu pai e, depois, com meus irmãos e com os tais jovens dos olhares entre as missas. Impecável festa. Impecável senhorita. Bem apresentada na coluna social.

No dia seguinte...

No dia seguinte, para desespero da minha mãe e incredulidade do meu pai, fui vestida de jovem desalinhada, beber *chopp* que havia sobrado da festa, com um grupo de amigos, fazendo furor entre eles. Fomos desalojados do clube sob olhares severos.

E a tal figura de *pele de biscuit francês* foi se transformando. Da princesa idealizada dos contos de fadas, para a "andarilha" destemida, apesar dos medos internos.

Com a sexualidade em alta, fui completamente absorvida por um namoro intenso, provocativo e desafiante.

Essa época foi um laboratório de emoções em ebulição.

Do sentimento de culpa moral e religioso, para o desprezo das normas sociais. Do compromisso de moça de boa família, para uma jovem contestadora. Uma jovem com ideias libertárias, amordaçada em um compromisso amoroso que abafava, exigia e calava.

Romper com os grilhões morais da época, desfazer o namoro abusivo, sair da concha protetora de menina de boa família e me buscar como pessoa, foi uma árdua tarefa de vida.

***

Cursei o "Normal" no Colégio Notre Dame, curso que formava professoras primárias na época. Antes do meu estágio, fiz trabalho voluntário em uma escola assistencial de bairro, pertencente às freiras.

Como voluntária tive oportunidade de exercitar o que se conhece por habilidade natural para mim – o ensinar.

Era a professora, mas na prática, uma aprendiz; quanto aprendizado da escola chamada vida! Que impacto com a realidade! Para as crianças que estavam ali, a merenda escolar seria a única refeição que teriam no dia. As dificuldades de aprendizado se davam pela fome e pela sobrecarga de trabalho que eu imaginava que apenas seriam para adultos. Um local onde as histórias de fadas foram substituídas pelo relato do cotidiano, onde uma mãe pariu o irmão, aos gritos, no banheiro, onde a outra mãe apanhava do pai e uma das irmãs se prostituía.

E as diferenças com minha mãe que tinham se tornado "unha e carne" na minha adolescência, foram se avolumando.

Ela queria completar sonhos idealizados pela adolescente frustrada que foi, através de mim. Me queria meiga, dócil, obediente e resplandecente em um mundo por ela idealizado, com enxoval perfeito, namorando, noivando e casando como manda o figurino. Tive extensas aulas de boas maneiras, como receber, servir uma mesa, dispor dos talheres; cruzar ou não as pernas, o tom de voz. Esqueceu de combinar comigo sobre meus sonhos; não se deu conta de que, órfã dos meus irmãos, que estudavam em outra cidade, precisava de orientação para passar de criança a adolescente e a ser mulher.

Sempre me impressionou – tive oportunidade de dizer isso a ela décadas mais tarde – o desespero da minha mãe com minha transformação. Beirava ao ódio de tanta repulsa para com meus novos paradigmas. Referências que tinham vindo dela.

Sem nem se dar conta, ela foi modelo nessa estrutura de pensamento solidário cristalizado em mim.

Sempre a vi prática, organizada e com compaixão. Dividindo o que tinha, muito próxima dos seus, mesmos os mais desafortunados. Havia sempre uma disposição para ajudar alguém, colaborar com algo. Lembro-me participando com ela na estação ferroviária, do movimento da Cruz Vermelha, atendendo àqueles jovens de caras assustadas chamados soldados, indo de trem para a tal luta da Rede da Legalidade.

Lembro-me dos contos sobre a vida do meu avô, com sua trajetória política até ser assassinado em disputa de poderes. Contos mesclados de horror, medo e amargura, em contraponto ao imenso orgulho que sua irmã tinha, pela tradição do pai. Havia até uma disputa familiar de qual neto herdaria sua espada.

Foram necessários muitos anos de terapia, amadurecimento e informação para compreender os universos paralelos que vivenciamos naquela época. De sonhos, ilusões, desconcertos, acusações e aquele medo patológico que a envolvia.

Uma vez mais, meus irmãos foram inspiradores, apesar da distância geográfica, por estudarem fora. As conversas, as cartas, os livros, agora tinham outro tom, outro matiz. Escutá-los descrevendo as desigualdades sociais, as lutas universitárias, iluminavam meus dias, apesar das cartas que minha mãe interceptava e rasgava.

Até hoje me lembro do impacto que teve sobre meu mundo – tipo um trator passando por cima dos meus valores num jardim de flores – a leitura do livro de Bertrand Russel, sobre os *Crimes de Guerra no Vietnã*.

Agora, já não eram os pequenos desafios dentro do meu restrito universo de adolescente do interior. Era a abertura de uma janela enorme chamada Mundo e suas diferenças sociais, políticas e ideológicas.

Se meus 15 anos foram impactantes, eu diria que entrar na faculdade para os cursos de Filosofia e Pedagogia, foi algo assim como um quebrar-se e reinventar-se por dentro. São percepções extremamente marcantes, que ficaram na minha memória, como algo que a cineasta Liv Ulman descreve em seu livro

Mutações. Algo muito intenso rompeu-se dentro de mim. Foi tão violenta a mudança que tive a nítida impressão de perceber minha alma se estilhaçando.

Se, o ter a inquietação entre a boa menina e a contestadora me acompanhou na adolescência, como universitária o matiz foi outro, mais intenso e contraditório, ainda mesclado com a vida familiar.

Foi nessa época que o "escarlate" no rosto, denunciando a vergonha, foi desaparecendo. Que comecei a dar tom na minha voz para ser finalmente ouvida, ou pelo menos, alardear minhas verdades do momento.

As amigas de toda uma vida escolar e os vizinhos da rua foram sendo substituídos pelos companheiros de luta.

E, aqui também, meus irmãos estiveram ao meu lado. Mano Zeca já havia retornado a Passo Fundo, agora como dentista e na plenitude do exercício do irmão mais velho - escutar, tentar não se escandalizar, aconselhar, trocar ideias e chistes. Mano Chida, agora com apelido da sua cidade de origem – o Carioca, conhecido e respeitado por seu caminho de luta contra a ditadura. Antes de me transformar em uma militante, convivi e fui acolhida pelos seus amigos.

Tive o privilégio de nesta trajetória, contar com pessoas valorosas, que acrescentavam cultura e se tornaram referência para mim.

Foi nesse momento que os grilhões que me amordaçavam, explodiram.

Que prazer romper, sem culpa, com uma relação

abusiva e ameaçante de antigos valores. Que prazer desfrutar dos desejos, dos arroubos e das festas da vida, sem a culpa nas costas.

Tenho que confessar que a trajetória não foi tão linear nem tão romântica. Não há ruptura que não incomode. O próprio nome define – romper: quebrar, estilhaçar, rasgar, esfrangalhar.

Há situações que oscilam entre a comicidade e o drama familiar.

Virei chacota (com afeto) no Centro Acadêmico da Filosofia de Passo Fundo, onde cursei o primeiro ano de faculdade. Minha mãe, no seu fervor de me controlar, contratou um detetive particular improvisado, para verificar minhas andanças. Mal sabia ele que havia uma saída atrás do prédio e que todos me davam cobertura para sair tranquilamente por ali e retornar, no final das aulas e, candidamente, sair por onde havia entrado, para satisfação do então detetive, que relatava minha dedicação aos estudos.

Já em tempos sombrios, fiz parte de um grupo que propagava o voto nulo. Mano Zeca indo e vindo com seu Fusca em gráficas fora da cidade, para pegar o material para a panfletagem que seria de madrugada. Os companheiros alinhavam rotas, quais pontos de encontro, detalhes de como usar esparadrapo nos dedos para não deixar digitais, quem ia no carro de quem.

E eu ali, maravilhada em poder participar – seria uma espécie de novo *debut*, não mais como menina moça no clube da cidade, mas como militante engajada em uma luta real.

Afora o sigilo dos pontos de encontro, eu ainda tinha que driblar com o ambiente familiar e dizer que iria a algum encontro com amigas. Um rodopio de sensações novas, perigo mesclado com medo, que me impulsionavam a dar desculpas para minha mãe.

Lá estava eu, encantada com a nova situação, esparadrapo nos dedos, mãos trêmulas segurando panfletos que seriam despejados pela cidade toda, quando surge um táxi que se interpõe na frente do carro em que eu estava.

Nervosismo misturado com suor, valentia para segurar a tremedeira das mãos. A sensação de termos sidos "pegos", antes mesmo do início da nossa rota.

E do táxi sai meu pai, cabisbaixo, nervoso, insistindo para que eu o acompanhasse, pois minha mãe não estava bem.

Uma ação clandestina descoberta por um pai angustiado. Nossa. Misto de vexame, inquietude e tudo mais. Abandonei o carro, os demais prosseguiram na sua ingênua "ação clandestina" e lá fui eu para casa.

Um retorno tenso em um táxi silencioso. Para encontrar uma mãe absolutamente fora de controle. Entre choros, lamentos e ameaças, descarregava em mim todos seus preconceitos, tristezas e frustações da vida. "*Revistei seus livros e suas coisas!!! Encontrei pílulas anticoncepcionais!!! Vai me dizer agora quem é!!! Pode ser negro, pode ser pobre, mas vai ter que casar!!!*".

Eu ali, me estilhaçando por dentro, de dor e frustração. Violada pelo vasculhar nas minhas coisas. Saindo das minhas capas da infância, para vestir a de mulher. Perdi minha primeira ação contra a ditadura, pois minha mãe havia descoberto que sua filha não era mais virgem. Uma virgindade que anos antes, havia sido resolvida sem o menor problema.

Lembro-me até hoje do rasgo de liberdade através de um grito desgarrador. E o problema deixou de ser as pílulas anticoncepcionais para ser a preocupação com o que diriam os vizinhos ao ouvirem meu brado indignado e raivoso...

Os altos e baixos familiares foram alternando-se entre retaliações, desprezo e tentativas de aproximação.

Se, na infância, eu saía pelos tapetes mágicos da imaginação, através da leitura, na faculdade, atirei-me no vórtice da militância política, com uma sede de aprendizado, com novas leituras – filosóficas, pedagógicas e partidárias.

O curso de filosofia foi meu tapete mágico da vida. Fazer parte da Humanidade, caminhando através da história do pensamento humano, foi de um deleite surreal.

Nunca me senti tão em casa, tão à vontade, com o amor da sabedoria, segundo Pitágoras. Leituras, professores, discussões e estudos me levaram por caminhos absolutamente maravilhosos da descoberta do saber, através da interpretação da ação humana, como um conhecimento profundo do ser e sua realidade.

As inquietudes internas foram equilibradas com a ideologia efervescente da época. A liberdade veio tão a galope que tive que cuidar da voltagem da menina mulher para dar conta.

Fecho os olhos e me vem uma imagem como comparativo daqueles sentimentos – uma explosão de fogos de artifícios, estilo final do ano no Rio de Janeiro.

Parte 2

ENTRE A INADEQUAÇÃO E OS RELACIONAMENTOS: A REALIZAÇÃO DE SE ENCONTRAR

SAIU DE CASA, DA CIDADE, DO PAÍS... FICOU NO SONHO

Uma juventude em busca de sentido, significado e autoafirmação

Os grilhões familiares foram rompidos de uma forma muito dolorida e intensa. A militância política acalmava os laços restantes com a menina e jovem das colunas sociais. É mais fácil ter raiva do que compreensão, na hora da ruptura familiar. Quando comuniquei a minha transferência, já feita, da faculdade de Passo Fundo para Porto Alegre, houve um cataclismo.

Os filhos homens estudando em outra cidade, foram o orgulho familiar. Já a filha, um desconsolo só. A tal ponto que, em seu desespero, minha mãe tomou bem mais pastilhas do que deveria, para se acalmar. O susto foi grande. As acusações, vindas da minha tia, com dedo em riste – "*tu és a responsável pelo estado da tua mãe e pelo que acontecer com ela*", foram digeridas em pranto oculto.

Uma noite infindável, com atendimento médico domiciliar, para que não se provocasse escândalo ao ir para o hospital. Uma dor no corpo e na alma, sentada ao lado dela.

Meu pai, atrás de um jornal e suas infinitas crônicas. Era como sabia lidar com a catástrofe familiar – a ausência presencial.

Uma vez mais, o apoio fraterno se fez presente.

Mano Zeca fez a consideração de que eu tinha dois caminhos: ficar e nunca mais sair de casa, pois minha mãe determinaria meus movimentos com seus desesperos ou, seguir adiante, traçar meu caminho e a reencontrar depois.

No longo trajeto entre Passo Fundo e Porto Alegre, em um ônibus que parava em cada poste, percebi claramente o significado e a dor da palavra solidão.

Todos aqueles fogos de artifício de descoberta da vida foram para dentro do meu estômago.

Foram longas horas de choro sentido. De sentimentos desencontrados – culpa por ansiar liberdade, esperança de nova vida, alma em frangalhos, sonhos vanguardistas.

E, de novo, o tragicômico permeando a minha vida...

Alguns meses antes de ir para Porto Alegre, eu já havia dado o grito de independência sobre o que vestir, como me maquiar ou me pentear, rompendo a imagem, até agora, tutelada pela minha mãe.

Entre a vontade de me encontrar, o total despreparo e a vontade de agredir visualmente, fiz escolhas desconcertantes.

Lembro-me até hoje, do olhar de espanto do mano Carioca, ao abrir a porta do apartamento em Porto Alegre, onde eu iria morar. Ele custou alguns minutos a reagir, olhando-me, estarrecido... eu, cara inchada de choro, com uma calça justa, roxo cintilante de listras e uma blusa verde limão que, com certeza iluminaria uma noite escura.

Foi a partir daí que a menina do interior foi

moldando o "seu eu".

Da convivência amigável da faculdade do interior, para o mundo UFRGS (Universidade Federal do Rio Grande do Sul).

Da casa com comida pronta e roupa lavada, para o "bandejão" do RU (restaurante universitário), apartamento estilo "aparelho de militantes" com várias outras pessoas pertencentes a diferentes grupos ideológicos e uma disciplina de convivência.

Das roupas vistosas e escandalosas, para calças de sarja e coturnos. Do uniforme das irmãs de *Notre Dame*, para uniforme de militante. Do cabelo cacheado no estilo "Paris do Rei Sol", para o estilo Gal Costa.

Das declamações de poesia, para as rodas de samba no Centro Acadêmico.

O medo e a ansiedade, companheiros da minha vida, foram trancados, abafados, no porão da rigidez ideológica.

Foram muitos os desafios e as contradições.

Até hoje, lembro-me do terror de ir andando entre os carros de uma avenida movimentada em Porto Alegre, distribuindo panfletos. Justo eu, acostumada a atravessar as calmas ruas de Passo Fundo, interior do Rio Grande.

***

As odiosas aulas de datilografia serviram de sustento, ao fazer trabalhos de final de curso, apostilas.

Permito-me um respiro na história, para me

encantar com essa janela da memória... datilografava naquelas máquinas imensas, duras, cuidadosamente, pois corrigir demandava uma arte à parte: pequenas borrachas azuis ou rosas, duras e odiosas, pois mais manchavam que apagavam, ou um riscar com estilete. Se o trabalho tinha que ter cópias, o desafio era maior ainda, há que lembrar que as apostilas eram reproduzidas através de mimeógrafos, a álcool ou a tinta, ambos necessitando que se datilografasse em "matrizes" próprias, muito mais difíceis de corrigir. E a impressão então... uma mistura de torcida silenciosa para dar tudo certo, imprecauções, desesperos e o começar tudo de novo.

Finalizo, com o êxtase da evolução da máquina de datilografar, para as elétricas: as com corretor, as de esfera com letra itálica e retorno. Confesso que, até hoje, faço um agradecimento escondido e envergonhado ao computador e às possibilidades de voltar, corrigir, recortar, colar, copiar, Céus!!!!!

Só quem viveu naquela época sabe da beleza de uma máquina copiadora e da possibilidade de fazer *download* de um documento...

***

Voltando à história, sair de uma cidade do interior, cercada de conhecidos e amigos, do convívio entre meninas, em um colégio de freiras, desde o jardim da infância até a formatura como professora, ou do círculo de amigos dos irmãos, no primeiro ano da faculdade em Passo Fundo, para a Universidade Federal em Porto Alegre – foi mais que uma mudança geográfica.

Foi um duro aprendizado de que nem todos os colegas são amigos. Nem todo "companheiro de luta" é ético.

Sou uma pessoa de afetos. Transmito pelo tato, um afago de mão, um abraço fraterno, um sentar juntinho por puro carinho. O romper da mordaça de um namoro controlador e abusivo, fez-me mais expansiva, brincalhona e livre.

Tenho a incrível mania do meu pai de optar pelo otimismo e confiança nas pessoas. Legado, talvez, das histórias de fadas. Mas há ogros nelas.

Fui alvo de uma aposta entre os tais amigos e companheiros da UFRGS – de quem transaria primeiro comigo – pelo visto, achavam que eu seria de muitos. E fui alegre, feliz, sem saber das expectativas, em um bar da esquina, passear com um colega da engenharia, que tinha um Fusca e que iria me mostrar, do alto de um morro de Porto Alegre, a grandeza da cidade que eu mal conhecia.

O impacto, o susto e o desconcerto de ser agarrada, abruptamente, dentro do carro, no tal morro, até hoje me causam calafrios. Não havia a menor possibilidade de resistência física, diante de um rapaz enorme, em local deserto, sem nem poder gritar. A luta se deu pelas palavras, habilidade que tenho desde sempre. Passou, como um *flash*, as Mil e Uma Noites e os esforços da personagem Xerezade (que tenta postergar sua morte contando histórias). Parei de resistir, pedi só um instante para entender o que estava acontecendo. E se ele me daria, pelo menos, 5 minutos para que eu dissesse algo. Foram os 5 minutos mais inspirados que tive na minha vida.

Abri meu coração, contei minha história, deixei de ser objeto e me tornei Cristina.

Os 5 minutos se transforam em duas horas que de monólogo passaram ao diálogo. Finalmente, voltamos para a faculdade; dizer que como amigos, seria muito forte, eu não consigo ter um amigo que quase estupra uma colega em nome de uma aposta. Ele, com o desafio de passar vergonha com a turma do bar e eu, com o desafio de não largar faculdade, militância e sair correndo de volta pra Passo Fundo, desistir de tudo, ser uma "boa moça", noivar, casar e pronto.

O equilíbrio e apoio vieram dos verdadeiros amigos do apartamento em que morava com meu irmão. Lembro-me de chorar desconsoladamente e perceber passos tímidos, de um deles, o mais arredio e de poucas palavras – era conhecido como "Professor".

Sentou-se do meu lado, sem dizer nada, apenas começou a ler versos, prosas e alguns artigos, que iam até o fundo da minha alma. Parecia uma espécie de ritual de cicatrização das minhas feridas do coração e da alma.

Conservo, até hoje, a amizade profunda e o patuá, que outro companheiro, o Cabra, me deu para que me sentisse protegida.

Se houve um rito de passagem da menina do rosto escarlate para a jovem livre e sorridente, agora, a transformação foi para uma mágoa enclausurada num rosto mais sério. Não foi fácil voltar, uma semana depois, para as aulas e passar no tal Centro Acadêmico. Mas a vergonha não era minha, tinha que ser deles.

A "amiga de todos" entendeu que deveria retomar

os ensinamentos dos tempos de teatro. O sorriso desapareceu e a militante incorporou o olhar pétreo.

***

Dizem os especialistas que, no processo de crescimento da criança, doem os ossos. Amadurecer também dói. Machuca, muitas vezes, com ranhuras na alma. Alguns afirmam que o rito de passagem da adolescência para a vida adulta se dá assim, através da dor.

Creio que a melhor descrição dessa época é de que foi aos trancos e barrancos.

Em contrapartida aos "ogros", tive o privilégio de manter uma espécie de frente unida de companheiros de Passo Fundo. Ética, integridade e carinho nos uniam, apesar das diferentes opções partidárias. Costumávamos brincar que eu estava em meio aos 3 Mosqueteiros! Athos, o mais velho, mais sério – foi como se tivesse sido um amor entre militantes na minha vida; Porthos, o mais inquieto, criativo, brincalhão, amigo falante, de todas as horas, amigo pra sempre, de corpo e alma. Aramis, o mais quieto e terno de todos. Amigo até o infinito, creio que nossas almas são gêmeas; daquele que me acalmava só de atravessar a avenida de mãos dadas para que eu não tivesse medo. D'Artagnan surgiu depois, mais tímido, mais confuso e passageiro.

Amigos daqueles que inspiram canções.

Uma época estudantil intensa, aprendizado filosófico sendo engolido pela devastação das cassações de nossos professores. Dos onze, nove foram cassados.

Manifestações, corridas fugindo dos "brigadianos" (polícia da Brigada Militar) a cavalo, com seus cassetetes. Declarações em prol da Liberdade; pessoas conhecidas sendo presas, muito medo e muita raiva.

Lembro-me de que, em uma dessas corridas, separei-me do grupo e fui perseguida por alguns "brigadianos" e, aos trambolhões, desci as escadarias da Rua Duque de Caxias e corri por baixo do viaduto da Av. Borges de Medeiros, com aqueles arcos, cheios de prostitutas. Antes de perder o fôlego de vez, fui agarrada por elas que me esconderam e ainda deram direção errada para os captores. Vontade de ficar ali abraçando e agradecendo a cada uma.

A voltagem do acirramento das perseguições, o perigo constante, faziam-nos estar em constantes mudanças de moradia e de estratégias de ação. Muitos cuidados e normas. Tínhamos "nomes de guerra" para não sermos identificados e denunciados. Pessoas que se apresentavam para discussões infindáveis nas "células" (grupos que se reuniam para discutir política e ações contra a ditadura – grupos isolados, conhecidos apenas pelos "dirigentes" como forma de preservar nossas identidades).

Uma ruptura muito grande com a antiga vida familiar e aquele núcleo de amigos. A solidão batia forte, de frente.

Muitas vezes, sentei-me em frente ao espelho para conversar. Os amigos foram ficando que nem foto velha, sem nitidez, sem história, sem nome.

***

Ser acolhida, em dias incertos, por um casal de primos, conservou minha sanidade. Entrava tensa, estilo sorrateiro, para que ninguém pudesse identificar as pessoas que me eram próximas e as prejudicar. Entrava diretamente para o abraço familiar, conhecido, colorido, com rostos, nomes e história. É fechar os olhos e cristalizar a acolhida e carinho.

Independentemente de todas as diferenças de pensamento, respeitavam-me. Banho quente, algumas roupas, comida quentinha e olhar de afeto. Dela, como prima, família, ligação de alma. Dele, que como médico, descia comigo com a desculpa de abrir a porta e, carinhosamente, perguntava se precisava de alguma orientação, algum cuidado médico. O casal de primos Yeda e Clóvis Berau, ficaram como tatuagem de amor, no meu coração.

Entre os tais trancos e barrancos da efervescência política, em época de ditadura, fui consolidando ideais libertários. Mistura de sonho e vontade férrea. Desconcertava-me a rigidez de todos os lados. A violência dos ditadores, a armadura de ódio dos resistentes.

Afeto e amor, em meio a tanto ódio, incomoda. Os amores daquele tempo eram assim, meio ressecados, com tímidas demonstrações de carinho debaixo dos cobertores.

Foi assim que encontrei meu marido, o pai dos meus filhos. Amigo de faculdade e militância do mano Carioca e, como todo cearense, alegre, expansivo, muito brincalhão. Chamou-me atenção o olhar de afeto em olhos muito verdes, contrapondo ao apelido de Paulo Pedra. E foi assim que, em um mês, namorei, noivei e casei de papel passado, pois tínhamos que ir de Porto Alegre para Fortaleza, continuar nossa militância, sem chamar muita atenção ou causar escândalos familiares.

Iniciei a vida de casada em uma cidade completamente diferente do Sul do país. Pessoas, costumes, comidas, temperos – todos desconhecidos. O som estridente das conversas brincalhonas de uma família enorme e ativa se contrapunha com minha trajetória solitária. Em noites de luar, beira mar, chistes e disputas regionais.

Para minha surpresa, fui logo contratada como professora e, depois, como auxiliar de direção, em uma escola primária particular de elite. Desassossegou-me saber que o maior referencial curricular era meu sotaque do sul. Escola que preparava crianças "sem sotaque nordestino".

Apesar do desconforto, foi lá que pude aprimorar a metodologia Montessori com os pequeninos e desenvolver uma metodologia de apoio aos alunos do semi-internato. Uma fase de aprendizado pedagógico.

Paralelo a esse trabalho, estudei o Método Paulo Freire para aplicar em trabalhos comunitários de alfabetização de adultos. Tempo forte e bonito com passeios lindos, família divertida e aprendizado profissional. Que durou muito pouco. Fomos tolhidos pela perseguição policial ao meu marido, meio ano depois de estarmos em Fortaleza.

Saí do trabalho, um final da tarde, e meu marido já havia "sumido" para não ser preso.

Eu não voltei mais para nosso apartamento, nem para o trabalho. Desaparecemos. Um entremeado de troca de casa, partida de ônibus para pequenas cidades, absolutamente sozinha, até um mês depois, ir ao local de encontro, já previamente marcado.

O que ficou de lembrança desses momentos tensos, erráticos, foi eu, lá na estação de ônibus, olhando um cartaz que dizia: "*O ônibus das 9h sai às 10h*".

De um pequeno e nervoso encontro em São Paulo, fomos retomar contato já em Porto Alegre, para que mano Carioca, já avisado, seguisse caminho conosco, através de uma rede de apoio estabelecida.

Nossa liberdade dependia de uma agilidade milimétricamente cronometrada. E foi o que fizemos. Uma rápida passada na casa dos meus pais que já moravam em Porto Alegre, buscar mano Carioca, abraço tenso em uma mãe lacrimejante e trêmula; beijo no pai que, em sua aflição, uma vez mais foi ler.

Depois, eu soube que nosso cronômetro foi impecável. Dez minutos depois que saímos o prédio foi cercado, elevador bloqueado, escada tomada e aos murros em nossa porta, nos buscavam. E aquela senhorinha trêmula e lacrimejante, transformou-se em uma leoa em defesa dos filhos.

Enfrentou policiais – foi firme, severa, uma dama e MÃE.

Exigiu respeito, também querendo saber onde estávamos pois, há tempos, não nos via... Gente, conhecem aquele brinquedo chamado "caleidoscópio"?

Que mãe eu tive! Um caleidoscópio de sentimentos, bravezas, medos, raivas e um amor materno arraigado desde os ossos. Somente a ela cabia discutir conosco. Ai de quem se atrevia a nos difamar!

Continuamos por um labirinto de despistes, trocas de casas, acolhidas e preparos. Cruzamos a fronteira para o Uruguai no carro de um amigo querido, padrinho de casamento. Despedimo-nos ali para seguir para a Argentina, somente nós três.

Não há um só dia em que não lamente o fato de que, na volta, ele e a esposa foram detidos, e mesmo que tenha sido algo muito rápido, resultou na decisão da ida ao exterior. Não há convicção ideológica que me tire a culpa na alma de tê-los prejudicado.

Em Buenos Aires, tivemos uma estadia estranha, em um hotel barato, onde a conta das bebidas ficaram mais caras que as diárias. O descompasso de vida foi tanto que fiquei uma semana acamada com uma menstruação avassaladora. O corpo estava avisando que há limites para tantas idas e vindas.

E que reviravolta de vida!

Foi nessa estadia que descobrimos, uma vez mais, as grandes diferenças, não somente de sotaque ou regionalismos, mas de idioma. Com pouquíssimo dinheiro, frequentávamos bandejões populares, barulhentos, mas com deliciosas massas *al tuco y al pesto*. Na despedida da cidade, resolvemos entrar em um restaurante decente, com toalha branca nas mesas e pedir pratos diferentes. A escolha da sobremesa foi uma discussão, já que não entendíamos absolutamente nada do oferecido. Decidimos pelo nome mais estranho: *zapallos en almíbar*. E lá ficamos na expectativa do que seria. Eu já via uma torta recheada maravilhosa.... e foi aí que descobrimos que *zapallos en amilbar* nada mais é que abóbora em calda.... impossível segurar o riso. E aquela voz estridente e nordestina do Paulo, às gargalhadas, afirmando que na terra dele *"quem come jerimum é peba!"* E mano Carioca corrigindo, *"não é jerimum, é abóbora, não é peba, é tatu"*. A algazarra foi tanta que o garçom se incomodou, achando que não gostamos da sobremesa e dizia, *"senhores este postre és mui rico"*. E foi aí que descobrimos que para elogiarmos uma comida na Argentina, o correto é afirmar *que "es mui rico"*...

O jantar de despedida, mais que diversão e boa alimentação, preparava-nos para a travessia, agora, por vários caminhos, de ônibus, para o Chile.

Se descrevi como labirinto o caminho feito entre Fortaleza, São Paulo, Porto Alegre, Uruguai e Argentina, é porque não sabia o que era a travessia da Cordilheira dos Andes em um ônibus quase como aqueles de bairro das cidades.

Lembro da nossa expectativa para pegarmos bons lugares no tal ônibus. E para nós, bons lugares eram os da frente. Causou estranheza a corrida dos demais ocupantes, para ficarem nas últimas poltronas.

E nós, radiantes lá na primeira fila. Que paisagem, que vista, que coisa linda! Até chegarmos na travessia propriamente dita, da montanha. Caminhos tortuosos, uma mão só, obviamente de terra e pedrinhas. Um caminho onde não havia estrada na frente – tínhamos que torcer para que o motorista já tivesse percorrido a dita cuja, que de estrada nada tinha. Posso afirmar que andamos em uma montanha russa a céu aberto. Aí entendemos a corrida para a parte traseira do ônibus.

O susto foi tanto, que o nervosismo de atravessarmos a fronteira e sermos presos até ficou esquecida. Assim chegamos a Santiago do Chile.

***

Outra cultura, outros costumes, novos procedimentos, encontros militantes e uma sucessão de emoções.

A debutante passa a ser militante.

A universitária deslumbrada com Platão e Aristóteles, passa a se encantar com Engels, Marx e Trotsky.

A quebra de paradigmas uma vez mais, foi brusca. Novamente uma mutação, rasgando a alma. Descompasso abafado pela veemência ideológica e o rigor militante.

Perceber-me Cristina foi o desafio da época.

A MÃE E A MULHER GUERREIRA

Nascem os filhos e nasce uma mulher capaz de resistir e decidir

A diversão da descoberta de outro idioma e as peculiaridades de uma nova cultura foram substituídas pela necessidade de adaptação à realidade.

Mais que uma cultura diferente, os paradigmas das relações pessoais foram completamente desestruturados.

O núcleo familiar e de amigos foi eclipsado. Morávamos em coletivos partidários destituídos de afeto, onde havia controle até na partilha de um pacote de biscoito. Normas rígidas, discussões e reuniões, muitas reuniões. Intermináveis discussões!

E eu me pegava lembrando da época em que sonhava com liberdade, querendo jogar bola enquanto era obrigada a estudar etiqueta.

Ter, ao meu lado, marido e irmão, foi um privilégio. A convivência dos muitos amigos gaúchos deram leveza e alegria, em encontros brincalhões.

Minhas convicções políticas, por luta por Liberdade, ganhavam força diante de tantas arbitrariedades cometidas pela ditadura militar no Brasil. No Chile, recebíamos os relatos das prisões, torturas ou mortes, através de sobreviventes que lá chegavam.

***

Mas o desassossego interno também crescia.

Desconcertava-me a arrogância dos pseudos militantes intelectuais, querendo ensinar algo à classe trabalhadora. *"Deveríamos conduzir as massas"*.

Incomodava-me a secura nas relações entre militantes, que deveriam ter o espírito de solidariedade, mas comportavam-se como algozes do afeto.

Fui criando uma aversão enorme aos chamados comunistas *stalinistas*. Talvez por isso, por querer mais contrariar do que entender as reais diferenças, chamou-me a atenção a corrente *"trotskysta"* (seguidores de León Trostsky). A ideia da Revolução Permanente tinha um discurso mais abrangente, menos rígido.

Confesso que, mais do que as ideias, o maior destaque foi o jargão de que os *trotskystas* eram contra a corrente. Novamente me identifiquei.

E foi nesse burburinho de ideias e convivências desencontradas, que aconteceu a maior prova de amor, afeto e luz para meus dias – fiquei grávida!

Lembro-me até hoje de quando saí do laboratório com o resultado em mãos.

Sentindo-me mulher, já até sendo mãe, nas primeiras semanas de gestação! Sentindo-me com nome e sobrenome...

A alegria foi tanta que me encostei na parede, lágrimas de felicidade, olhos fechados, dando boas vindas àquele serzinho gestado.

Contar sobre a gravidez, com a emoção na alma e ver as caras amarradas dos companheiros da organização, foi como sair de um sol tropical e entrar em uma câmara frigorífica. Queriam discutir minha gravidez no coletivo partidário. "*Militante não deve ter filhos. Deve estar pronto para a luta e à disposição da organização*". Só posso descrever esse processo como um crescimento interno dos maiores. Uma luta pelo respeito à individualidade e um não rotundo à massificação militante. Eu sempre lutei pela liberdade. Meu corpo – minha decisão. Meu filho!

O Chile é um país onde ocorre terremotos. Há os pequenos abalos sísmicos que lá, são chamados de *temblores*, ou *temblorcitos*, conforme a intensidade, e o terremoto propriamente dito. Tivemos que aprender a distinguir um do outro e a conviver com os perigos e as atitudes frente a esses cataclismos.

Ser mãe em uma organização política no exílio, foi vivenciar experiências constantes de *temblores, temblorcitos* e terremotos.

Não há um só momento em que tive dúvida sobre minha gravidez. Fui grávida de amor com intensidade sem tamanho, em cada uma das minhas maternidades. Guardei até hoje e passei para o neto Gael, o primeiro presente do filho Caetano: um cobertor, estilo trouxinha, de uma lã suave amarelinha.

Presente do pai, encantado pelo momento, meio que se desculpando pela certa ausência na defesa da minha gravidez. Afinal, era um dirigente partidário...

Minha mãe, com toda sua rejeição ao que fazíamos foi, uma vez mais, aquela mãe leoa. Enfrentou medos e desafios de uma viagem ao Chile e esteve comigo no final da gestação, parto e primeiros dias de vida do neto.

Chegou a entrar aos berros, enfrentando todo

mundo, na sala de parto, porque estava demorando muito. Apoio férreo e incondicional. E quando viu a precariedade da clínica em que eu estava, tirou-me antes da alta, para evitar o que já havia se instalado – uma infecção hospitalar, curada em casa, com médico brasileiro.

Ela teve inclusive que adiantar a volta ao Brasil, para que pudesse me enviar os antibióticos necessários para tratar o Caetano, pequerrucho, também infectado. Foram tempos de desamparo, cura e muito aprendizado. Não havia soro para hidratar o Caetano, eram gotinhas de água e sal, a conta gotas, quase intermitentemente e íamos nos revezando.

A partida da minha mãe foi uma das mais sentidas da minha vida.

Caetano foi um dos primeiros bebês brasileiros a nascer no Chile. Havia, no bairro onde morávamos, uma concentração de grávidas brasileiras. E foi assim que nos tornamos orientadores dos jovens pais inexperientes.

Qual era o melhor jeito de trocar fraldas em tempos gelados? Como lavar e desinfetá-las (eram de pano, não havia descartáveis)? Um dos maiores desafios era a habilidade de furar o bico da mamadeira, para que o furo fosse do tamanho adequado para não fazer o bebê regurgitar. Como cortar as unhas, as primeiras raspas de frutas e papinhas. Não havia estrutura familiar de apoio. Estávamos lá sozinhas, sem avós, tias ou mães para passar ensinamentos. Houve quem desse o primeiro banho com esponja... a primeira sopa – de pimentão...

Saí do bairro predominantemente de brasileiros e fui morar em alguns bairros residenciais distantes, entre chilenos. De Macul para Paradero 36 e depois 18,5 da Gran Avenida. Quanto aprendizado de solidariedade! Meu "*guaguita*" (bebê em chileno) era mais um entre eles. Chupava um tipo de alga, com muito iodo. Consolidávamos amizade nas enormes filas para comprar carne, mantimentos e pão. Faltou fermento e as "*hallullas*" ou "*hallullitas*" (tradicional pão chileno) eram feitas e vendidas quentinhas. Tínhamos que correr para casa e comê-las antes de esfriar. A brincadeira era de que as "*hallullitas*" tinham duas serventias: alimentar enquanto quentes, virar pedras nas manifestações, quando frias.

Eu cantava para "preparar" o Caetano, seja na hora das refeições, do banho ou à noite. Em uma das noites, ao ninar Caetano no quarto que dava parede com a casa do outro lado da rua, surpreendi-me ao escutar a mesma cantiga em espanhol. "*Faz 3 noites que não durmo, lá lá... pois perdi meu galinho lá lá...*" – "*Hace três noches que yo no durmo ya ya...se perdio mi gallito ya ya...*". Nunca conheci essa mãe. Mas, várias noites, trocávamos canções de ninar, entre paredes.

***

Falar em cantigas me faz lembrar que havia uma musicalidade própria nos nossos dias. Mano Carioca manejava com maestria uma caixinha de fósforo. Chico Buarque, Milton Nascimento e Gonzaguinha nos brindavam um pouco de sentimento da pátria distante. Outros tantos preferiam hinos veementes e enérgicos que sequer entendíamos a letra. A música cubana era muito difundida e me encantava, pela alegria e musicalidade.

Frequentar as *Peñas* (bares estilo galpões simples, com música folclórica), comendo empanadas e bebendo vinho, eram os raros momentos de festa. Violeta Parra, seus irmãos e outros cantantes, falavam-nos da terra que nos tinha acolhido.

A Festa Pátria (18 setembro) era um momento de carnaval popular pelas ruas, com música e danças folclóricas e muita bebida. A *Chicha* (de uva ou maçã com gosto suave e com alto teor alcóolico), ou, *Mote com Huesillo* (de pêssego e grãos de trigo), bebida não alcóolica.

Outra experiência inesquecível foi assistir a abertura para a população do tradicional Teatro Nacional do Chile, com suas poltronas recobertas de cetim, tapetes vermelhos, debruns dourados, camarotes de luxo. Apresentaram "Santa Maria de Iquique", encenação do massacre de operários do salitre no extremo norte do Chile.

Pessoas simples com filhos e lanche a tiracolo, embevecidos com o cenário e depois aplaudindo em pé, emocionados ao relato de parte de sua história de luta. Vi uns dois ou três cachorros percorrendo os corredores atapetados. Confesso que, mesmo maravilhada com o momento único e histórico, tive um *flash* – de pena, pelos porteiros e funcionários, absolutamente escandalizados pela heresia praticada – o povo no Teatro Nacional!

As memórias afetivas do povo chileno, do qual me considero partícipe, já que sou mãe de um chileno, se fundem com o aprendizado de cooperação nos bairros. Havia escassez de alimentos e trocávamos receitas, xícaras de farinha ou açúcar, ou a informação onde haveria distribuição de gravetos para fogo no quintal, já que o gás havia acabado.

Fiz sucesso ao ensinar diferentes formas de preparar peixes, abundantes no Chile, mas não muito populares nos bairros.

Era um momento de ebulição política, com muitas manifestações e falta de tudo.

Fomos organizando um rodízio de *"madres"*, que ficavam umas com os filhos das outras, enquanto se ia para as filas de comida ou em busca de emprego, ou mesmo nas manifestações populares.

Paralelo a essas ações, participei de ciclos de estudo e ações governamentais, onde estudavam a implantação das chamadas *"guarderias"* de bairro – uma forma um pouco mais organizada ao que já fazíamos, mas com assistência do governo, com assistentes sociais e enfermeiros, que faziam rodízio nos bairros, pesando bebês e crianças, orientando e contribuindo com a alimentação.

***

No início de 1973, os sinais de fragilidade do governo Allende fizeram-se presentes. E, mais uma vez, tive que mudar de país. Com dor na alma, deixei o que, para mim, foi a segunda pátria, onde já estava totalmente integrada no bairro, com as expressões chilenas e palavreado popular assimilado.

Nova etapa e muitos desafios – a militância na Argentina. Mais breve, muito mais dura, permeada de tristeza, tensão e medo.

Morei um tempo sozinha com Caetano, em um pequeno hotel, estilo pensão, à espera do reencontro com o Paulo (pai do Caetano) e demais da organização. Por medidas de segurança, estávamos todos separados, meio isolados, com pontos de encontros em dias e horários previamente estabelecidos. E foi nesse período que escutei, pelas rádios, estarrecida, o golpe chileno e o anúncio da morte do Allende.

Na pensão, havia uma varandinha na sala do café – onde todos os inquilinos foram assistir às manifestações de apoio ao povo chileno.

Caetano, grudadinho no meu colo, passando-me o calor de um bebê chileno. Foi impossível ficar com cara de paisagem e passar desapercebida. Chorei de soluçar. Fui consolada, como uma mãe chilena, aflita, à espera do marido, empresário em viagem, que se assustou com a balbúrdia.

Era essa mais uma das minhas personagens assumidas, em nome da segurança. Nunca souberam que eu era brasileira. Muito menos de esquerda, com algo a mais de conhecimento, do que ser mãe.

Passei todo o tempo na Argentina, como chilena. Exceto em momentos de escapada estratégica, como turista confusa, em meio a cerco policial.

Se os últimos dias no Chile foram tensos, na Argentina a tensão era permanente. Ademais do governo duro da Isabelita Peron com seu "braço forte", perigosíssimo, apelidado de "El Brujo", havia a total liberdade das ações das organizações de extrema direita, paramilitares.

Os confrontos com os grupos armados de esquerda, com suas ações populares bombásticas, só faziam, cada vez mais, crescer a tensão. Viver naqueles tempos era como caminhar em corda bamba. Falar na tal "Triple A" (Aliança Anticomunista Argentina - esquadrão da morte da extrema direita) me dá calafrios até hoje.

O medo que sempre tive, que vinha em ondas em um crescendo, era contido pela ideologia e ferrenha disciplina militante. O fato de ser mãe colocou esse medo em outro plano.

Eu era responsável pela vida do meu filho. E que filho!

Um bebê tranquilo. Conversávamos desde sua gestação. Tínhamos um entendimento além das palavras. O toque acalmava, sossegava. Eu conseguia fazê-lo entender que já voltaria com a mamadeira pronta. E ele ficava ali quietinho, aguardando, tranquilo e muito meigo.

Participava, desde o Chile, das passeatas. Em Buenos Aires, frequentávamos bares, assistíamos a filmes, passeávamos em livrarias. E juntos, desfrutávamos das corridas por parque e praças, mesmo entre um compromisso e outro da organização.

A repressão aumentou. A organização foi sendo

enfraquecida por prisões ou mortes de companheiros. E a volta ao Brasil se apresentou como necessidade, ainda em tempos de clandestinidade (se revelássemos nossa identidade, seríamos presos).

***

Uma vez mais minha mãe se fez presente, na plenitude da palavra Mãe. Com todos os seus medos, agora redobrados, foi para Buenos Aires buscar o Caetano. Eu não poderia colocar em risco a vida do meu filho na passagem pela fronteira. Viemos juntas até a cidade de Riviera no Uruguai, cidade colada a Santana do Livramento, no Brasil, onde os irmãos dela moravam e deram todo o apoio, clandestino e estratégico, para que ela entrasse em segurança com o Caetano e depois seguissem viagem para Porto Alegre, onde morava.

Um dia depois, caminhei por Livramento e peguei um ônibus. O destino, entrecortado de cidades, era São Paulo. Uma das viagens mais solitárias que fiz, pela primeira vez, sem meu filho no colo.

E, mais uma vez, o tragicômico acontece.

Na parada em Florianópolis, se não me falha a memória, entraram quatro homens, bem arrumados – para mim, isso já era um sinal de alerta. Dois sentam juntos, na minha frente, em diagonal, um mais atrás e o outro, ao meu lado. Eu estava na janela.

Repassei minha história, assumida para o momento uma centena de vezes, para não vacilar nas respostas. Respirar, inspirar; disfarçadamente, controlar a vontade de fazer xixi de tanto esforço para assumir o novo personagem e passar desapercebida.

Uma jovem mulher, sozinha, que até já foi reportagem em coluna social como *"pele de biscuit francês"*, não passa tão desapercebida. Chama naturalmente a atenção. E o novo companheiro do lado, bem apessoado, puxa conversa. Para ele – só soube depois, uma tentativa de flerte para passar o tempo. Para mim, todas as provas de um interrogatório, postura de personagem e teatro, autocontrole e o medo, céus, vinha em onda.

E na tentativa de flerte, se fez importante. Era um policial em uma missão diferenciada. Não há quem possa imaginar minha situação mental nesse momento. Acho que ali, houve mais um desses rompimentos internos tipo mutação da alma, para não me delatar.

Poucos quilômetros antes de chegarmos a São Paulo, uma parada brusca no acostamento; policiais fardados e armados entrando, meu acompanhante guinando o olho para mim afetuosamente e saindo com os demais; um deles, discretamente algemado, com uma blusa por cima. Fizeram – justamente no ônibus em que eu estava – o traslado de um traficante conhecido – de forma clandestina, para não serem pegos em ação de libertação do dito cujo.

Céus, justo no ônibus em que eu estava? Operação clandestina de policiais e um sentado do meu lado? Chegamos em São Paulo, desci trêmula na rodoviária, sentei-me num bar e tomei umas 3 cervejas, antes de prosseguir minha missão de encontrar com meu irmão.

Mano Zeca, o mais velho, dentista bem sucedido.

Ria e se maravilhava de ter descoberto que gostava muito de ser dentista. Uma risada contagiante. Um artista multifuncional. Desde a estética odontológica para pinturas em aquarela, reproduções de fotos artísticas que fazia, por onde viajava. Escritor e poeta. Gostava de teatro, música, de cantar e contar histórias. Mais que as contar, criá-las. E que criatividade! Desde a infância, destacava-se por suas histórias que, ainda hoje, acompanham-me.

Após dias de observação do seu trajeto de casa para o consultório, emparelhei com ele, caminhando, ali, na Praça da Biblioteca, em direção à rua Sete de Abril. Vontade de abraçar, apertar, rir, chorar. Mas, em nome da dita cuja segurança, disfarçadamente, enganchei meu braço no dele, sorri, como se costumeiramente fizéssemos isso e o preveni para não se assustar e prosseguir. E ali, assumimos nossa habilidade teatral – com cara de paisagem, afagamos carinhosamente nossa alma e matamos saudade fraterna.

Restabelecer contatos com a organização, reencontrar mano Carioca, uma vez mais, montar uma casa e reencontrar meu marido foi quase que uma retomada de rotina de cuidados clandestinos, histórias renovadas, personagens assumidos.

Desde a Argentina, com tantas idas e vindas, compromissos, muitas precauções e muitos medos, algo estava quebrado. Os caminhos traçados, os rotundos fracassos, a violência das prisões e torturas rompiam com o elo ideológico-militante.

***

E foi, nessa chegada que, mais uma vez fui mãe. Agora já com o apoio familiar. Morei temporariamente no Rio de Janeiro, para ter a assistência da cunhada médica, que trabalhava em uma clínica em Niterói. Fiz uma memorável travessia da Ponte Rio/Niterói com a Rita Maria Brasil. Ela dirigindo um Fusquinha e eu, com a agonia das primeiras contrações. Ela, sem saber se ria ou se chorava, assumindo, ao mesmo tempo o papel de médica, cunhada e tia, dizendo com sua voz cantante e alegre: "*Cristina, esse 'minino' não pode nascer na Ponte, não tem como, segura aí, para de respirar, segura as contrações*"...

E foi assim que, algumas horas depois, nascia a Mariana.

Foi um alívio não passar o trauma de uma infecção pós parto. De ter uma bebê saudável, poderosa no seu choro, incrivelmente mimosa. Mas foi também uma época de pós parto muito triste e confuso.

Perdi o pé na vida. Não me senti mais parte da organização. Rompi, sem exatamente saber o que fazer. Que trabalho, que profissão, qual estudo. Teríamos que ser autônomos no nosso sustento.

O que hoje identifico como depressão pós parto, passou desapercebido na época, confundida com a puxada de tapete da vida. O afastamento da militância foi também um certo afastamento do casamento, mais entre companheiros do que entre duas pessoas apaixonadas.

E foi uma roda viva de trabalho junto à clínica odontológica do mano Zeca, estabilização na rotina com duas crianças.

Permito-me afirmar que, com duas crianças

pequenas, não há nada de rotineiro. Há um desafio a cada momento.

Nenhum bebê é igual ao outro. Descobri isso no dia a dia, com a Mariana. Se com Caetano eu conversava, explicava sobre a mamadeira que viria e ele aguardava quietinho, com a Mariana, o choro ia num crescendo que fiquei especialista em corridas noturnas para que ela não chorasse tanto a ponto de se engasgar.

E sempre o tragicômico...

Morávamos em um sobradinho, com uma escada sem corrimão ou proteção e a mesa bem embaixo dela, em uma sala apertada. No andar de cima, no quarto das crianças, havia um berço de grades altas; no topo da escada, por garantia, um portãozinho de segurança.

Estávamos tomando café da manhã, Paulo, Caetano e eu, quando a Mariana, sendo Mariana, despencou em cima da mesa, após conseguir escalar grades do berço e do portão. Agora dou risada, mas também memorizo a agonia de não saber quem atendia primeiro: ela, pela queda e choro alto, o Caetano que estava em prantos pelo susto, se equilibrando na cadeirinha alta querendo sair ou o Paulo, branco como um papel, absolutamente estático e sem reação.

Felizmente o pote de margarina e os pães amenizaram a queda da Mariana. Não teve nem escoriações. Só o susto, e a história para contar.

Nove meses depois de nascer Mariana, novamente engravidei. Eu havia tomado mais de um tipo de precaução, mas obviamente não foram efetivas.

Nessa época, redescobri meu pai, já velhinho.

Mesmo em estado avançado de demência, ficou ao meu lado, respeitando minha decisão de ter meu terceiro filho, apesar das dificuldades e desafios. Agora, já não mais criticada pela organização, mas pela mãe e marido. Já não havia "*temblores*", mas o afeto foi abalado. Quem cria dois, cria três. Gravidez para mim é Luz. Alimento da alma.

Nascemos, filho Francisco e eu, mais uma vez - mãe. Parto em São Paulo, através de um convênio médico simples, que cabia em nosso bolso. Parto que quase se transformou em tragédia, pela sucessão de erros cometidos, que se avolumaram a ponto de me fazer perder o útero, em cirurgia de emergência.

Saí dessa com crise de pânico instalada na alma. Quase dois meses depois do seu nascimento é que pude assumir meu filho Chico. Uma vez mais minha mãe me apoiou, apesar das restrições iniciais. E este ficou sendo seu neto mimoso...

Necessitei retornar ao trabalho rapidamente, para pagar as contas que se avolumavam. E, nesse desgaste da vida o casamento começou a desmoronar. Já não havia o companheiro de luta, mas um marido com dificuldades pessoais. Algo muito comum de quem se desliga do ideário de uma revolução - trincheira dos argumentos intelectuais, para cair na vida real, com o necessário exercício diário de trabalhar e sustentar sua família.

Pontuar uma trajetória de quase uma década, com tantas mudanças e nascimentos, simplifica o roteiro. Mas o percurso alternou, como numa montanha-russa de sentimentos e labirintos emocionais.

NOVA SOLIDÃO E O AUTO CUIDADO

Perdas e danos – como superar.

Eu cuidadora de mim e o papel da família

A movimentada trajetória daquela menina em um tapete mágico, avolumou-se vida afora, mas sempre tentando manter-se fiel a seu eu, mesmo com tantas variações – de país, de moradas e de tantos cenários pessoais. Os anos setenta foram intensos...

A jovem guerreira, entusiasmada para salvar o mundo, deparava-se agora sozinha, com três filhos para criar e sustentar e com o desafio de se reencontrar.

Frente a frente com a realidade. Dia-a-dia garimpando possibilidades reais de seguir adiante. Sem ver muita chance de unir sonhos profissionais e projetos de estudo com as necessidades diárias de sobrevivência.

Filosofia e Pedagogia, com diploma em suspenso, fizeram-me optar pela trajetória de trabalho na área política, onde tinha os contatos e as indicações da época de militância. Era algo que me permitia ter maleabilidade em alguns horários, para que pudesse dar conta de criar os filhos.

Em 1978, trabalhei na campanha do Fernando Henrique Cardoso para o Senado. Fiquei longe dos concorridíssimos encontros de personalidades, no comitê central, focando meu trabalho no ABC paulista, junto ao seu suplente, Dr. Maurício Soares de Almeida.

Desses contatos, surgiu o trabalho na Assembleia

Legislativa de São Paulo e a continuidade do trabalho solidário assimilado no Chile, através das Sociedades Amigos de Bairro (SAB), de sua Federação e depois, do SOS Mulher, em Santo André, uma das cidades do ABC paulista, para onde me mudei.

Santo André, mesmo sendo considerada a cidade dormitório dos metalúrgicos, tinha seu próprio sindicato, que disputava fama com o famoso Sindicato de São Bernardo, com o Lula como líder sindical, em seu período de plena ascensão.

A cidade possuía um acesso, a linha de trem, o que me permitia trabalhar em São Paulo e morar em uma cidade menor, estilo interior. Lá, podíamos fazer caminhadas e passeios. No final da linha do trem, chegávamos a Paranapiacaba, ainda distrito de Santo André, um pouco afastada da cidade.

Uma pequena vila com casas, no melhor estilo inglês, destinadas aos funcionários da antiga linha de trem inglesa, a São Paulo Railway, com acesso ao litoral, através da Serra do Mar (mas na época que visitávamos, já estava fechado).

Nesse período, conheci uma professora que se diferenciava por suas posturas. Administrava uma bela biblioteca e estabeleceu normas civilizatórias obrigatórias para a cidade: moradores ou visitantes – o *Seja Bem-vindo, Bom Dia, Boa Tarde, Até Logo, Volte Sempre*, eram exigidos, sob pena de serem advertidos pela má educação.

Foi em Santo André que desenvolvi trabalhos sociais significativos – de defesa da mulher, na área do esporte para jovens e de incentivo aos trabalhos comunitários nos bairros.

O descompasso entre chavões políticos daqueles que ainda insistiam em "ensinar o povo", e a realidade dos moradores de bairros distantes, trouxe-me a memória dos velhos tempos da militância. Lembro-me particularmente de um dia em que houve uma intensa mobilização para que moradores de bairros distantes fossem, simbolicamente, "ocupar" a casa onde funcionava a assistência social do município.

Entre carros de som e panfletos, fizeram um bom trabalho de convocação. De repente, a casa, a rua, tudo estava tomado por mulheres e crianças, com cartazes distribuídos e reivindicações anunciadas. Trabalho feito. Imprensa mobilizada para divulgar o evento, com as exigências que a liderança achava necessárias.

Não havia água, banheiro ou alimento para aquelas famílias, que começaram a se desesperar, sem ter como voltar... caos instalado. Haviam esquecido que os manifestantes, tão enfaticamente recrutados, eram pessoas, mães, crianças, com necessidades básicas. Salvou minha experiência e o bom senso do gestor da época.

O trabalho nas SABs (Sociedade Amigos do Bairro) permitiu-me um contato muito próximo com mulheres e crianças. A Igreja, que tinha presença forte nesses movimentos, cedia local de reunião e colaborava ativamente com as ações nos bairros.

Tive a oportunidade de conhecer, na Vila Palmares, bairro pobre, o Padre Rubens (Emílio Rubens Chasseraux), que construiu a paróquia Nossa Senhora das Dores, desempenhando um incrível trabalho social. Ele foi um dos fundadores do movimento das favelas. Foi nessa paróquia que consegui reunir um público considerável para uma palestra sobre direito das mulheres.

Como convidada, uma das pessoas mais incríveis que já conheci - a antropóloga Ruth Cardoso. A palestra foi um show. Muitos maridos acompanharam as esposas, em nome de serem "avançados" ou a favor da igualdade entre homens e mulheres. Muitos confessaram depois que, na realidade tinham ido conferir o porquê de suas mulheres tanto irem nessa igreja...

Ruth Cardoso, empática e tranquila, enfrentou uma situação, no mínimo, cômica: um desses maridos queria, a cada colocação da antropóloga, completar a frase em nome da mulher, que estava ali ao lado dele, muda, calada, cabeça baixa de vergonha. Colocações que foram num crescendo e passaram a ser contestações. E, em dado momento, num impulso de exaltação, deixou de falar pela mulher e assumiu seu papel de macho alfa e disse para a palestrante (que estava com calça comprida e uma jaqueta):

— Mulher minha não usa calça comprida, só saia!

Foi quando a Ruth Cardoso pediu para a esposa levantar-se.... e ela estava com calça comprida! Muito serena, mas firme em suas posições, exemplificou, *ao vivo e em cores*, o que pretendia dizer - que entre o discurso e a prática, na realidade, já existia um fracionamento e que os avanços já estavam incorporados no dia a dia.

Houve um silêncio total, que precedeu uma risada generalizada entre os presentes. Coube ao padre Rubens acompanhar durante alguns meses esse casal, para que não houvesse represálias, pós evento.

Foi um tempo de ebulição político sindical, com as greves do ABC e as manifestações no Estádio da Vila Euclides em São Bernardo. A organização das Mulheres de Apoio à greve dos metalúrgicos lembravam-me a movimentação e a militância no Chile.

Uma vez mais, envolvi-me de corpo e alma nos movimentos sindicais, nos apoios populares e na construção de um partido político representativo daquele sonho militante.

Novamente vivenciei, na pele, o machismo embutido ou explícito. Já não lidava com jovens estudantes universitários, mas com sindicalistas e políticos. O desrespeito era o mesmo, mas eu havia mudado, e a menina do interior havia crescido. E foi na base do embate diário que o respeito foi sendo conquistado.

Lembro-me de chegar a uma das reuniões, na Câmara de Vereadores de Santo André e começar a ser apertada, mais que abraçada, com beijos além do fraterno, até empurrar, com respeito, mas firmemente, um dos vereadores e lhe perguntar a queima-roupa: *"se fosse a sua esposa que tivesse chegado e o Sr. visse seus colegas a cumprimentando assim, gostaria?"*. Ao que, de imediato, ele respondeu: *"claro que não!"*. *"Pois é, eu também não tolero esse comportamento comigo"*, foi minha resposta.

Após o constrangimento inicial, continuaram os cumprimentos dos demais vereadores, agora cuidadosos.

Nesse momento, eu conquistei algo mais que o respeito – conquistei a liberdade de escolha do que vestir, de dar risada, de ser espontânea, sem ter o cuidado para não "provocar" os companheiros.

Participei ativamente de idas à porta de fábrica, até mesmo antes do amanhecer. Após os atos, íamos para um bar, em frente ao sindicato dos metalúrgicos de Santo André, para o café da manhã, algumas vezes, acompanhado do famoso "*rabo de galo*" (bebida feita da mistura de cachaça e vermute). Foi num desses encontros que comprovei o acerto das minhas posturas...

Estávamos todos lá (geralmente eu era a única mulher do grupo) quando um diretor do sindicato, enorme, fortão, me abraçou de lado, pediu silêncio, convocou todos para um brinde com o *rabo de galo* e fez a proclamação: "*Essa, é um dos nossos*". A partir daí, fui incorporada como "companheiro" de turma.

Essa inclusão ao universo sindical, entretanto, não impediu de, mais tarde, ter sido assediada a ponto de perder o emprego.

Eu havia saído da Assembleia Legislativa para trabalhar na Câmara Federal como assistente parlamentar de um sindicalista, que ao me ver separada daquele que tinha sido um companheiro de dois anos, não hesitou em propor-me uma "aproximação" maior, em nome de proteger-me. Ele não gostou do NÃO rotundo que recebeu de mim. Mais que decepção pelos velhos valores machistas, ainda arraigados em políticos ditos progressistas, o que senti foi raiva, muita raiva, de ser o elo mais fraco.

Em nome da preservação da ética e dos meus valores como mulher, uma vez mais, deparei-me com a instabilidade econômica e a busca de novo emprego, nova mudança, novas paragens...

Encontrei o respaldo solidário e fui imediatamente

contratada por um deputado que havia conhecido na luta pelos direitos humanos e apoio aos presos políticos. Airton Soares tornou-se um amigo para toda a vida.

Definitivamente, esta foi uma época de total reconstrução como pessoa. Gosto musical sem interferência ideológica. Novas amizades, já que a roda entre casais estava desfeita e mãe de três filhos não aproxima muito possíveis pretendentes. Várias tentativas frustradas de reinventar tipos de relacionamentos – leves, despreocupados, ou sérios e até machistas, o que só aprofundou a solidão.

Solidão que foi abafada pela voltagem dos desafios profissionais e o cuidado de três filhos pequenos. Mas ela instalou-se ali, dentro da alma, ganhando força, deixando um rastro de vazio interno.

Com pouco mais de 30 anos, carregava nas costas algo como um cemitério de companheiros mortos, uma enorme contabilidade de sonhos desfeitos, o desafio de ser mãe de três incríveis filhos e a alma marcada por tantas lutas como mulher.

As descobertas foram além do gosto musical. Descobri a habilidade pessoal de administrar, gerenciar e organizar, que aperfeiçoei com cursos e leituras técnicas.

O hábito da leitura também foi, paulatinamente, transformando-se. Os contos de fada passaram a ser transmitidos para os filhos, antes de dormir. Tenho presente a ternura e o encantamento deles, com o desenrolar das histórias e magias.

Sonhávamos com mundos incríveis, com duendes, dragões e fadas. Assim como meu pai, consegui transmitir a magia dos contos para eles.

Para a organização do dia-a-dia, com os desafios de tantas mudanças de escola, casas, amigos, foi necessário ler e conversar muito com meus filhos. A mudança do eixo familiar pesou demais. Estavam separados do pai. E as várias mudanças de casas em São Paulo, depois para Santo André e então Brasília, acabaram tirando-os do convívio com os avós e tios.

Foi em uma dessas mudanças, a de Santo André, que me dei conta do quanto estava afetando a vida dos meus filhos. Para minimizar gastos com o caminhão de transporte, coloquei à venda uma série de móveis e objetos, já que estava saindo de uma casa de dois andares, para um pequeno apartamento em São Paulo. Fui organizando tudo, colocando pequenos cartazes com os valores de cada conjunto de peças.

Foi um entra e sai de gente e... quando olhei, a filha Mariana tinha feito um cartaz e colocado nela: *Não estou à venda.*

Naquele momento, o tempo parou - vontade de voltar a ser aquela menina moça de pele de biscuit francês, bem casada, tranquila, "do lar", cuidando dos filhos...

Ainda bem que aquela sensação passou rápido. Equilibrei-me nos valores que estava passando para eles, e os abracei muito. Mas, volta e meia, vinha-me à cabeça, trechos de uma música cantada pela Elis Regina.... *"perdoem a falta de tempo, perdoem a falta de espaço..., mas os dias eram assim..."*.

Foi nessa época que substitui Trotsky por Montessori. Correntes socialistas por correntes educacionais, como a Escola de Summer Hill, Escola Nova, em Portugal.

Se utilizo manuais de instalação, cursos de aperfeiçoamento profissional, como não estudar sobre educação infantil, justo uma das minhas primeiras paixões na vida?

Andei por labirintos ideológicos, onde o sonho político, de construção de algo efetivo e solidário, fez-me ter experiências, na maioria das vezes, desalentadoras. O discurso era incrível, desafiante e vanguardista, mas as velhas condutas permaneciam.

E o desafio foi o de me firmar como profissional, ser independente financeiramente, desvencilhando-me da farda ideológica e dos vícios de práticas políticas que *"volta e sempre"* me envolviam, tipo assim, cozido de quiabo que deu errado.

Se os anos setenta representaram um caleidoscópio de mudanças e ganhos, com o nascimento dos filhos, os anos oitenta representaram desafios e trajetórias de crescimento, em ordem inversa aos ganhos: houve perdas. Imensuráveis perdas.

Em épocas de militância, lidei com perdas de companheiros no combate contra a ditadura. Agora, o desafio era outro – lidar com a finitude de entes queridos. Caiu por terra a explicação lógica do embate, entrou em cena a emoção de perder a família e amigos muito próximos.

Aprendi com meu pai, aparentemente frágil, a lidar de forma simples com a morte. Ao precisar ser transferido de um Pronto Socorro para um hospital, pediu para passar em casa. Enquanto se arrumava com calça e camisa social, casaco de passeio, quis um café com leite, para comer com pedacinhos de pão...

no elevador, sentado em um banco, fez um esforço, levantou-se e pediu um abraço para o mano Zeca que o acompanhava.

Morreu ali, abraçado a ele, "*em pé, como um índio*" como brincava sempre. Na simplicidade desse gesto, ensinou-nos que a finitude é mais fácil do que se pensa. E que pode haver dignidade nesse ato. Só fica a saudade em quem não foi.

A despedida dos pais é algo doloroso, mas, absolutamente compreensível, na trajetória da vida. O que não se compreende é a morte fora da lógica natural.

Foi uma década de perdas inexplicáveis: do querido amigo Raduan em 87 – então presidente do Instituto Nacional de Colonização e Reforma Agrária (Incra), morto em acidente aéreo, aos 34 anos. E, no ano seguinte, meu companheiro do Universo, o Henfil. Mas, definitivamente, meu tapete sumiu, quando perdi o José Eduardo da minha vida – mano Zeca em 86.

Eu morava em Brasília, quando recebi uma ligação; era uma quinta-feira santa, final de março, estava preparando uma bacalhoada. Era o mano Zeca assustado com uma dor de cabeça intermitente e forte. Larguei tudo, acertei quem cuidasse das crianças e imediatamente, viajei para atendê-lo. Até 10 de maio, tentamos entender a sequência inexplicável de doenças e degeneração cerebral. Estávamos enfrentando um dos primeiros casos de Aids no Brasil. Não havia ainda informação a respeito.

Queria que o mundo parasse – meus irmãos - pilares da minha vida, não estavam comigo para me amparar.

O Zeca indo embora de uma forma grotesca, aos 44 anos. O mano Carioca já morando em Paris. Naquele tempo, só havia a comunicação telefônica tradicional, difícil de se conseguir em um hospital. E como explicar, por telefone, o inexplicável? Estávamos perdendo o mano Zeca... e ele só foi embora depois que o Carioca chegou. Deu apenas tempo para perceber a presença dele...

Já se passaram mais de 30 anos do fato. Até hoje, dói.

Lembro-me do Henfil vindo para passar um final de semana comigo, para poder entender todos os sintomas do Zeca, o que tinha acontecido e o tratamento utilizado. Ele já estava começando a sentir os primeiros indícios da Aids...

Entender a doença, quebrar estigmas, lidar com o afastamento das pessoas, com a perda absurda e o medo de ter sido contagiada, não foi fácil. Foram vários meses fazendo exames de sangue e tendo cuidados. Ter a meu lado a Roberta, companheira do Edu, como chamavam o Zeca, deu-me a certeza de que irmãs a gente descobre na trajetória da vida...vivenciamos juntas a dor da perda e os desafios de possível contágio.

Em paralelo, vivenciei dificuldades financeiras advindas das corridas hospitalares do Zeca, internações, cirurgias e a total falta de respeito do Seguro Saúde que ele tinha, caríssimo, mas que se negou a custear as despesas, ao saber que o diagnóstico era Aids. Em época de desinformação, acharam "uma brecha", para não cumprir tratos. E fui passando cheques pessoais na roda viva de encaminhamentos.

Assumi o cuidado da minha mãe, absolutamente

fragilizada pela perda do filho mais velho. Éramos só nós duas. O mano Carioca já estava morando em Paris, em definitivo.

Consegui levá-la para Brasília, buscando um apartamento próximo ao meu, idealizando uma vida para ela, convivendo com seus netos, sobrinhos e cunhada, viúva de seu irmão mais novo. Mas o horror à cidade e desespero para ir para São Paulo, viver no apartamento do filho perdido, fez-me, uma vez mais, mudar de cidade.

Com os filhos maiores, com amizades e vida feita em Brasília, não foi tarefa fácil retornar a São Paulo.

***

Brasília tinha sido um oásis nas corridas diárias. Desfrutávamos dos finais de semana, na beira da piscina, no Clube de Imprensa, ou nas casas de amigos incríveis. O tipo de moradia, nas quadras da Asa Norte, permitia um contato mais livre entre amigos.

Lembro-me de quando os filhos criaram um Clube de Defesa dos Beija-Flores que ficavam presos nas escadarias dos prédios, pelo tipo de janela que formavam verdadeiras armadilhas para os pássaros. Soube depois que a iniciativa veio do sentimento de culpa, por terem participado da morte de um passarinho!

Havia noites em que eu me levantava e encontrava o Chico na janela da sala, olhando deslumbrado para aquela enorme lua prateada, ali no Lago...

Um dia, cheguei em casa e descobri que a empregada havia abandonado as crianças sozinhas.

Indignada pela desconsideração dela, quis esclarecer o que havia ocorrido. E foi aí que descobri que o Caetano gostava de andar ali nos campos à margem do lago, pertinho de casa, para capturar cobras verdes. Nem grandes, nem venenosas; cobrinhas d'água, como eram conhecidas.

Espantada, descobri que havia uma coleção delas em uma caixa de sapato. Elas eram soltas de tarde, na sala, enquanto eu trabalhava... foi num desses dias que a empregada se viu no meio das cobras e saiu correndo para não mais voltar.

Tive conversa séria com eles. Dos perigos que corriam, limites, etc. E para dar impacto e força aos meus argumentos finalizei com uma clássica advertência materna: *"essas cobras devem sair imediatamente desta casa, ou saio eu"*. Para meu total espanto, o Caetano, com a caixa de cobras no colo, olhou-me muito sério; depois, dirigiu-se para os irmãos e com a força de irmão mais velho me avisou *"então nós vamos conversar lá no quarto e decidir"*.

Eu fiquei lá, à deriva, sem saber se caía na risada ou se interferia. Na realidade, me pegou tão de surpresa a reação deles que fiquei sem saber como agir.

Tipo de coisa que acontece *"vez em sempre"* com as mães... ainda mais com as tais democráticas...

Felizmente, decidiram por ter a mãe ao lado e *"abrir mão"* das cobras, que foram devidamente devolvidas às margens do lago.

Sair desse ambiente tão confortável, de aventuras e retornar a São Paulo, realmente não foi tarefa fácil. Lidar, nessa volta, com a falta do tio Zeca e a presença de uma avó deprimida, cada vez mais irascível, foi muito, muito difícil mesmo para eles.

Fomos nos reinventando, no dia a dia

***

Se, na infância e juventude tive a retaguarda de irmãos e companheiros, agora, eu estava no papel de suporte, como mãe e como filha. Sem o Zeca e com o Carioca distante. E minha irmã de alma, a Roberta, seguindo seu caminho.

A voltagem da vida foi de uma intensidade espantosa. Mesmo tendo apoio de pessoas preciosas, a tristeza das perdas foram gatilhos estressores muito fortes. O sono foi embora. O compasso do dia foi ficando, cada vez mais acelerado. Lidar com tudo e com todos foi ficando opressivo.

De repente me dei conta de que, desde Brasília, eu vinha tendo como suporte do dia a dia uma dose de álcool ali, outras tantas acolá. Isso só não havia transbordado de vez, porque minha disciplina militante e o senso de responsabilidade materna impediram-me.

Recorri, uma vez mais, aos incríveis conselhos da Madre Cristina (diretora do Instituto Sedes Sapientiae da PUC-SP) que me apoiou desde meu retorno ao Brasil e que foi meu suporte emocional na separação do pai dos meus filhos. Por sua indicação, conheci uma das pessoas mais incríveis da minha vida – a psicóloga Consuelo Assis de Carvalho, versão pura de humanidade e acolhimento. Que profissional!

Através dela, compreendi, com certo alívio, que eu nada tinha de alcóolatra. Mas sim, uma agonia sem fim, uma voltagem diferente, um descompasso da vida – cheia de cicatrizes, tristezas, desafios, "*energias mís*", que me faziam recorrer ao álcool para acalmar a ansiedade que, em muitos dias, vinha a galope.

Recorri ao mundo encantado, com dragões e fadas, para tentar entender essa voltagem toda. Tive a nítida impressão de que o tal tapete mágico havia encontrado um "pé de vento" no meio dessa trajetória... e lá estava eu, agarrando-me como podia, para não cair.

Mesmo no compasso desenfreado de tantos desafios, conservei o otimismo e o jeito sonhador do meu pai. Até houve leveza na caminhada e alegria! Com três filhos, um deles sendo a Mariana, era impossível não ter agitação, risada e ocasiões memoráveis.

Assim fui passando os tais anos oitenta, entre perdas, escorregadas, conquistas e um desafio imenso para amenizar o impossível – a dor da minha mãe pela perda do filho.

***

Mas o Universo conspira a favor!

Em dado momento, tive que alugar o apartamento ao lado de onde morávamos, para dar espaço à minha mãe e preservar o dos meus filhos e, ao mesmo tempo, poder ser sua cuidadora. Foi uma decisão difícil, pois acarretava desequilíbrio financeiro.

Voltando para casa, com o contrato assinado em mãos, ao entrar no elevador do prédio, encontrei um senhor de terno, sério, mas com uns olhos claros saltitantes. Um vizinho. E que vizinho! Lembro-me como se fosse hoje, de, no momento que o vi, apelar para meu mantra principal "*Cuidado! Deve ser casado! Nada de envolvimentos complicados! Fica na sua, Cristina...*".

É ele que recorda do seu espanto ao ver entrar uma vizinha, falante, impulsiva, dizendo que havia alugado um apartamento ao lado da mãe e com um aluguel a ser pago...

Em nome de um Universo que conspira a favor e da leveza do relato, tive a impressão de que o mano Zeca e o Henfil estavam juntos, em uma conspiração cósmica, para que eu, a cada dia, fosse tendo novos encontros com o tal vizinho... estávamos no mesmo bloco de apartamentos, mesmo nível de garagem. E nossas filhas se encontravam no térreo para brincar!

Nas idas e vindas de elevador, nas trocas de interfones em busca de uma ou outra filha, nas ajudas com um carro que não "*pegava*", foi ocorrendo uma aproximação cada vez maior. Claramente, uma incrível amizade estava surgindo entre duas pessoas solitárias.

A impressão de que aquilo era mais que uma amizade foi se delineando aos poucos, no voar das "*mariposas*" no estômago, nos encontros fortuitos. No lembrar, a cada momento, de um ou outro fato ligado ao vizinho de olhos claros e saltitantes, que denunciavam o bom humor atrás do semblante sério de um administrador.

Foi, no final dos anos oitenta, mais precisamente, em meados de 88, que a solidão que já estava arraigada na alma, foi sendo substituída por um encontro entre dois amigos incríveis – vizinhos, sozinhos, cada um com três filhos para criar e uma história intensa para contar.

Foram necessários dois dias de muito vinho e muita conversa para saltarmos de bons amigos para bons amantes e companheiros de vida.

Mais que um encontro entre duas pessoas, o impacto de um relacionamento que desfaz solidão. A maravilha de trocar ideias, pensamentos e sonhos, de igual para igual. Dois cuidadores natos encontrando-se e se amparando. Bom demais.

Mais que cuidado e troca, foi a vida tecendo fios, entrelaçando sentimentos. No meu universo do encantado, foi o encontro de almas gêmeas.

Agora, o tal caleidoscópio, foi na construção desta relação e meu encontro enquanto Cristina. Novas descobertas – de novas possibilidades e habilidades – tanto pessoais como profissionais.

Uma trajetória onde a palavra superação teve que se fazer presente.

Parte 3

ENTRE O ESPELHO E O REFLEXO: A REALIZAÇÃO DE CUIDAR

UM NOVO CUIDADO

Sou sujeito da minha própria História.
Respeito a mim mesma, ao outro e à minha essência.

Narrar o impacto e a força que representou o encontro entre Francisco e eu naquele momento da vida, dá força à trajetória. Mas, se utilizei a palavra "*caleidoscópio*" para descrever épocas anteriores, agora, o termo "*montanha russa*" seria o mais adequado.

Os dois, com contrariedades e uma voltagem semelhante no cotidiano – cada qual com três filhos para criar e responsabilidades adicionais; com emprego fixo, mas com igual desencanto profissional.

Já enfrentávamos esses contratempos sozinhos. Poder trocar ideias, até mesmo aclarar alguns rumos nessa troca, só fez consolidar aquele tal "*dia após dia*" da convivência. Não estávamos mais sós! E que delícia a troca de afeto e amor!

Mas, essas eram as nossas percepções. Por mais entusiasmados que os filhos estivessem na descoberta de novos amigos, tipo "*meio*" irmãos, havia o desafio de enfrentarem o novo – não escolhido por eles. Espaços, convivência diária. Haviam sido criados de maneira diferente. As idades coincidiam, mas os temperamentos e as reações, nem tanto.

Os meus filhos tinham 16, 14 e 12 anos. Os do Francisco, 15, 12 e 5 anos. Os meus tinham um pai que, por vezes, interagiam ou passavam férias com ele. Os do Francisco eram órfãos de mãe viva, incapacitada cerebralmente e internada, após severo acidente de carro.

O Francisco dava o suporte necessário para a mãe dos seus filhos. Eu me dedicava à minha mãe. Movíamo-nos entre dois apartamentos. Um no 16° e outro, no 3° andar do mesmo bloco de um edifício.

Daria para escrever um livro específico só para contar as histórias sobre essa fase. Passagens angustiantes ou hilárias, difíceis ou divertidas. Ainda assim, valeu cada momento.

Além de dividir o dia-a-dia, tive a possibilidade de me descobrir como pessoa, mulher e profissional. Mãe eu já era, desde a concepção do Caetano. Adotar filhos é parte intrínseca de mim.

Cenas inesquecíveis que vivíamos com seis filhos: à mesa, disputa de pedaços ou porções, copos derrubados, toalha de plástico adotada, discussões intermináveis, batidas violentas na porta do banheiro, frases como *"estou atrasado"* e *"sai logo"*, eram constantes. Mas, na paralela, muita cumplicidade, segredos e convivência entre eles. Uma irmandade se formando.

***

No encontro entre Francisco e eu, esse *"unir forças"* nos fez pensar em alguma alternativa profissional, já que estávamos cansados dos anos dedicados a assessorar terceiros. Decidimos abrir uma agência de viagens, antigo sonho do Francisco (que já tinha certa experiência na área), algo encantador para mim. Que me fez mudar radicalmente o foco de estudo.

Era uma época em que a *internet* não estava presente ainda. Foram tempos de entender o que era um Pan Rotas (livro estilo guia telefônico, com rotas e horários aéreos), alfabeto para códigos de reserva, procedimentos administrativos da área de turismo. As reservas aéreas eram feitas em plataformas específicas das companhias aéreas. O *fax*, apesar de conhecido, ainda não era aceito em reservas hoteleiras. Tínhamos que recorrer ao tradicional *telex*. Uma roda viva de aprendizados.

Foi, logo nessa época, que Collor assumiu a presidência do país e causou aquele estrago monumental na economia, ao congelar a poupança. Aquilo nos pegou de surpresa, na montagem da agência. Mais uma tensão a superar, precisávamos encontrar alternativas para esperar passar o tal plano Collor.

Se, quando criança, percorri o mundo através dos livros, agora, transitava por destinos reais, incríveis.

Foram tempos de magia no atendimento aos clientes: intercalar itinerários, buscar alternativas de transporte, tecer malhas aéreas, idealizar passeios a partir dos sonhos dos passageiros.

Tarefa estafante, mas prazerosa. Com o diferencial de um trabalho feito em uma empresa nossa, sem chefes.

Foram tempos em que os sentimentos transitavam como em uma montanha-russa, como já mencionado. Inovações, boas surpresas e incontáveis diferentes estímulos. Na área profissional, uma reviravolta completa no caminho, exigindo muita dedicação e estudo. Na área familiar, a adaptação entre os filhos, rotinas e educação. E uma mãe para amparar.

Fazer terapia, nesse período, foi uma das coisas mais importantes para mim. Proporcionava-me o norte comportamental entre o ser mãe e o ser madrasta, dando o justo espaço a cada um deles. Precisei de apoio e orientação para ser mãe adotiva de um pequenino de cinco anos, bastante dependente, quando meu caçula, o mais independente dos meus filhos, tinha doze...

Foi também um tempo de compreensão da dor de minha mãe, pela perda do filho e pelo infinito sofrimento, por ter uma doença mental, subdiagnosticada e nunca tratada. Ter essa compreensão ajudou a me aproximar e perdoar os múltiplos senões entre nós.

Permitiu-me ser filha na plenitude, quando foi diagnosticada com câncer de pâncreas. Costumo dizer que ela *"fez"* um câncer, tal o estado depressivo em que se encontrava. Optou por deixar a natureza fazer sua parte, desde que assistida, sem dor. Recusou-se a tratamentos quimioterápicos, agressivos, para prolongar um ou, no máximo, dois anos de vida.

A rapidez da degeneração pessoal não a impediu de manter sua dignidade. Até na dor ela tinha elegância, algo nato nela.

***

Minha referência de cuidados e carinho sempre esteve vinculada ao mano Carioca. Ele foi o apoio para meus medos infantis. Foi principalmente, a pessoa que mais me respeitou como Cristina. Trilhamos juntos os desafios de militância política, foi também como um pai para o sobrinho Caetano. Justo nos tempos das perdas, estava longe, fixou residência em Paris, seguindo sua própria trajetória.

Desde muito cedo, desempenhei o papel de cuidadora. Essa entrega ao outro, ao coletivo, enfrentando o cotidiano na mais absoluta solidão, cobraram fatura no "*mais adiante*" da minha vida.

Minhas lutas externas, muitas vezes, agigantavam-se pelo peso das batalhas internas.

Na voltagem de vida que tive, não havia muito espaço para "*ops*", ou senões. Era ir ou ir. Responsabilidades coletivas, como mãe e profissional ou como cuidadora.

Houve um tempo em que o medo estava agregado às dificuldades diárias – a sombra da prisão e tortura rondavam por perto.

Em outra época, a solidão se acoplava ao cotidiano, tornando-o muito mais pesado.

A morte da minha mãe encerrou o ciclo de cuidados familiares. Nesse exato momento, os muros de proteção da minha fortaleza de obrigações e compromissos foram se esfacelando.

Eu já não estava sozinha. E o amor suaviza paredes do coração e a gente começa a sentir mais, perceber mais e permitir o "*derrubar-se*".

E a carga tinha sido muito grande... Pela primeira vez na minha vida, "*afrouxei o joelho*". Só muito tempo depois, pude entender o conceito de "*gatilhos estressores*". Que foram vários.

***

Essa é uma época de recordações confusas. Onde a cronologia dá lugar para a voltagem das percepções. Fecho os olhos e me vem a imagem de um ciclone, daqueles terríveis e devastadores. Daqueles que chegam causando espanto, terror, desenterrando e levando tudo em um redemoinho.

Lembro-me do MEDO. Muito. PÂNICO. Muito. Do desconcerto desta percepção. Da vergonha da fragilidade.

Da necessidade de, imediatamente, superar a situação, compreendendo-a; Procurei amigos, alternativas, leituras. Quis me informar, ter as mesmas atitudes de superação que desenvolvi ao longo do tempo.

Mas não consegui, o cansaço era enorme; escorreguei feio no limbo da desesperança. A depressão e o pânico surgiram a galope, em toda sua potencialidade. Foram tempos em que, mesmo amparada e amada, estive só, no porão dos meus medos.

Foram etapas intercaladas entre melhoras e pioras, altos e baixos na avalanche dos sentimentos, vontades e escassa energia.

Francisco e eu adoramos viajar. Ele usou o recurso de múltiplas viagens como forma de apoio e distração. Nessa época, realizei o sonho de conhecer a casa do mano Carioca e da cunhada Isabel em Paris.

Lembro-me da emoção na chegada de avião e ver, lá de cima, a Torre Eiffel. Do desconcerto de finalmente abraçar meu irmão, sem ser em situações trágicas. Comemorar com eles, ter a sensação de "retorno" ao sentimento fraterno, nas conversas e brincadeiras animadas, como se morássemos na mesma cidade.

Está gravado na minha memória o impacto que senti ao sair de uma estação do metrô e dar de frente com a Catedral de Notre Dame.

Lembro-me também, do lado cômico dos passeios, com recordações não tão poéticas na Cidade Luz. Um frio danado e a permanente vontade de fazer xixi. Os bares tinham banheiros horrorosos e, muitas vezes, mistos. Tive o privilégio de estar lá no mês em que lançaram, experimentalmente, banheiros químicos. Uma beleza, novinhos, funcionando perfeitamente. Até hoje recordo-me da cara de desespero do Carioca com minhas infinitas paradas nos tais banheiros. Nervosismo puro, muito mais que frio. Prenúncio do que se avizinhava em termos de medo.

Por falar em medo, vou direto para uma outra viagem – Nova Iorque. Delícia de passeio, caminhadas intermináveis, sensação de estar no meio daquelas séries policiais, encantamento com a infinidade de produtos, novidades eletrônicas e dicas de roteiros para nossa agência de viagens.

Foi nessa viagem que o medo foi tomando forma, cor e textura. De um jeito muito intenso.

Caminhávamos o dia inteiro, sem problemas, mas ao entardecer, complicava. As sombras avolumavam-se assustadoramente. O movimento tumultuado, os aparelhos de som que aqueles americanos fortes, enormes, levavam nos ombros, andando meio dançando, faziam com que eu tivesse que me encostar na parede, suando frio, de puro e inexplicável medo.

Fomos assistir, na Broadway, ao Fantasma da Ópera. Uma produção absolutamente sensacional e impactante. O som altíssimo – e isso é algo que me provoca desconforto e agitação, até hoje. Mas estava tudo tão incrível que até o desconforto do som ficou em segundo plano... foi quando me dei conta de que a personagem que o fantasma era obcecado chamava-se Cristine...

Aí, não teve jeito.

Chorei, chorei muito, tinha certeza de que ele falava comigo, como se eu estivesse ali no palco. Que a dor dele era a minha. Tive ali uma catarse de toda a minha tristeza.

Encharquei a bainha da minha saia, as mangas da blusa, o lenço do Francisco, eu não conseguia parar de chorar. As pessoas olhavam para mim, céus! – até hoje não posso esquecer o tal vexame!

Estávamos com um casal de amigos, tínhamos reserva para jantar em um belo restaurante após o teatro. Eu lá, fungando e dando aqueles soluços de quem quer parar, mas não consegue.

No dia seguinte, enorme vergonha, eu estava de ressaca emocional. Uma vez mais, o jeito tranquilo e brincalhão do Francisco amenizou toda a situação... eu ali, constrangida, querendo conversar a respeito, e ele dizendo não ser necessário, pois compreendia totalmente minha situação e meus senões... Jocosamente, explicou que, com meu passado ideológico, gostando tanto da visita aos Estados Unidos, um país capitalista, o fantasma de Trotsky estava me assediando e daí, minha agonia... foi o que bastou para que a viagem tivesse a leveza e a beleza que esperávamos.

Sempre que eu começava a me sentir agoniada, olhava para ele com a cumplicidade do fantasma do Trotsky e acabávamos rindo.

***

Foi necessário a firme intervenção da minha

psicóloga Consuelo (Consuelo Assis Carvalho), para que eu aceitasse tratamento psiquiátrico. Com todos os medos e desmoronamentos internos, eu ainda vestia a capa de mulher maravilha, lutando para seguir adiante, por mim mesma, sem apoio algum, ainda mais de tratamento medicamentoso.

Foram tempos de "*batalha*" com a Helena (Dra. Helena Maria Calil), minha psiquiatra, para que eu aceitasse o tratamento.

Precisei encarar a situação de forma lúdica, catalogando a psicóloga e a psiquiatra como personagens de um reino mágico. Era mais fácil lidar com a realidade através do mundo encantado, onde eu transitava tão bem.

E foi assim que a psicóloga virou maga e a psiquiatra, alquimista... e meus enfrentamentos eram como dragões internos...

***

Dei-me conta da gravidade da situação, quando mano Carioca veio me visitar. Luzes internas - que costumo chamar de faróis - acenderam-se. Só então, comecei a assumir o tratamento.

As medicações custam a ajustar-se nas doses, reações e finalmente resultados. Quando eu conseguia, escrevia sobre as percepções do momento... uma forma de desafogar-me da agonia interna que transitava dentro de mim.

Reproduzo aqui um dos meus "*guardados*" da época:

"*Não são demônios, pois estes estão banalizados*

em milhares de filmes... são dragões, mais misteriosos, mitológicos e povoam nossos sonhos desde a infância...

Não tento o combate, pois ainda não há final prá este tipo de história.

Não se combate o que não tem cura.

Tenta-se aprender a conviver com os tais dragões...

É muito difícil receber um diagnóstico de algo crônico.

Para o agudo, o crítico, você tem a força da adrenalina a seu favor, a certeza de que pode ter vitória no combate e erradicação dos demônios...

Se é crônico - é quase sinônimo de eternidade. Mas se você tiver algum companheiro, tipo cadeira de rodas, você se adapta a correr com elas...

Quando o crônico é desafio permanente, sem cadeira de roda que te apoie, só umas "muletinhas" que *te suavizam a estrada e, de repente, te derrubam... fica mais difícil. O dragão surge enorme... e vai jardim afora queimando tudo que foi construído... e as flores incineradas, de colorido – nada. Tudo cinzento, árido".*

Escrevi esse texto na volta de uma das consultas com a psiquiatra, onde o diagnóstico de Transtorno de Humor Bipolar (distúrbio mental caracterizado por alterações de humor que vão da depressão a episódios de euforia) foi-me explicado. Entendi também sobre comorbidades – mais de uma ocorrência psiquiátrica em um diagnóstico.

Desenvolvi um quadro de agorafobia (transtorno de ansiedade, medo de lugares abertos ou movimentados) agravando o quadro depressivo. Não conseguia transpor o umbral da porta do meu quarto. Tomar banho era uma epopeia.

Foi uma época em que não pude ficar só, para evitar ser internada. Psicóloga e psiquiatra alternaram cuidados. E uma das minhas queridas amigas da vida intercalava com o Francisco o cuidado comigo.

Eu estava completamente aniquilada, exausta.
Um cansaço eterno.

Tenho na memória e até hoje utilizo, em alguns momentos, um mantra que a psicóloga Consuelo, minha maga predileta, de mãos dadas, entoava comigo: "*vai passar... vai passar...vai passar...*".

Os primeiros movimentos de reação à depressão foram focados em uma melhora para que eu pudesse acabar com tudo. O suicídio era, para mim, a única saída plausível para tanto cansaço, tanta dor.

Eu passei a vida inteira em uma voltagem diferenciada, que me era a normal. Eu nunca andei a 100km. Pelo menos a 300 ou a 400km por hora. De repente, um engatar tipo "*marcha a ré*", me desiquilibrou totalmente. Até perdi minhas capas de mulher maravilha...

Na medida em que o tratamento foi dando resultado, a vida foi tomando cor e luz. O amor foi aquecendo de novo meu coração. Francisco ali presente, minuto a minuto, com serenidade, amenizando minha dor.

Filhos me davam a perspectiva da vida e o respaldo de afeto. Desde cedo foram cuidadores.

Foi o Caetano que conseguiu me tirar do quarto, depois de muito tempo. Só conseguiu porque foi empático. Entendeu sem questionar meus medos e pânicos. Criou uma forma para que eu me sentisse segura a ponto de transpor o umbral da porta do quarto – me fez levantar, abraçou-me, pegou o enorme edredom de casal e o colocou por cima de nós. Assim, abraçados, protegidos em uma espécie de casulo, cruzamos a porta e fomos para a sala. Abri uma frestinha e comecei a ver TV com ele.

O processo de superação começou nesse momento. Muitos falam que recuperei a saúde. Eu insisto em "*superei a fase difícil*". Eu não conseguiria retomar ou refazer aquele caminho da Cristina e sua voltagem diferente.

Os parâmetros agora eram outros. A experiência no convívio com uma doença mental, a forma de lidar com ela, ultrapassar suas restrições, estabeleceram novas formas de convivência com a família, com amigos e no trabalho.

O maior desafio: colocar o tal diagnóstico no seu devido lugar, como apenas uma parte de mim, sem me definir.

Meus filhos conviveram com a fragilidade de uma mãe que sempre foi o esteio da casa e se tornaram cuidadores naturalmente. Os filhos do Francisco sofreram o impacto do medo de uma vez mais, perder a referência de mãe ou madrasta, por conta de uma doença. De certa forma, consegui desmistificar que uma doença mental necessariamente incapacita as pessoas.

Uma das coisas mais importantes no fortalecimento da minha relação com o Francisco foi o respeito para comigo. Meu cuidador e apoiador em momentos de crise e necessidade. Meu marido e companheiro, de igual para igual, no cotidiano.

***

A retomada do trabalho na agência de viagens foi bem difícil. Voltei com algumas sequelas pelas ações adversas da medicação e da própria crise enfrentada. O pensamento ficou vagaroso, a concentração diminuiu e minha fragilidade abalou a autoconfiança.

Quase todos os filhos estiveram presentes na construção desse projeto, mas não era sua escolha profissional. A Mariana, por solidariedade, foi sustentáculo na minha ausência, assumindo o gerenciamento da agência de viagens e dos eventos, mas precisava seguir seu caminho.

Surge então, nova provocação da vida – o que fazer daqui em diante, como profissional? Jamais me imaginei improdutiva.

Mas, essa busca teve que ser adiada. Os ritmos não são mais o que imaginamos ou programamos. Há que se adaptar à tal "*Roda Viva*" que o Chico Buarque canta.

Recorro a mais um dos meus descritivos da época, para ilustrar o momento:

"Estou saindo de uma conversa forte, franca com minha alquimista de vida e alma. Minha psiquiatra solidária, gente, pesquisadora, estudiosa e dedicada. Anos de alquimia... de luta, convivência irreverente, negação e, por fim, coexistência pacífica com o dragão - ele lá adormecido pela alquimia medicamentosa e minhas posturas.

E fui ficando muito feliz com essa possibilidade de convivência pacífica. Saí pro jardim, deixei de ficar escondida, plantei e colhi flores, dei até risadas ao sol.

Faz tanto tempo que vou pro jardim florido, que passeio dando risada, que convivo no meu pedaço, que até esqueci de ver o dragão adormecido e quieto.......

E não é que, depois de tanto tempo, o danado se levanta e ainda cospe fogo e queima meu jardim?

Se fosse voltar aos tempos de escola, aos deveres certinhos, ao cumprimento das trilhas a serem seguidas, eu só mereço estrelinhas douradas... mas ainda assim, o danado resolveu cuspir fogo!

Cadê o prêmio da atitude absoluta e total "politicamente correta", tomando remédios nos horários certos, não bebendo, fazendo controles laboratoriais, psiquiátricos?

Dá um susto ter que voltar pra gruta, recomeçar a trilha, remontar a alquimia pra adormecer o danado do dragão, que já não mais se aquieta.

Mais que susto – o gosto de fel mesmo, bem amargo, de uma verdade que sempre se esconde no fundo do coração, da alma e que o fígado corrompe: não há cura – só estabilidade temporária...

E neste vai ser pra sempre o desafio: conviver com a instabilidade – ainda não aperfeiçoaram a alquimia que adormece, de vez, nossos dragões......

Visão depressiva da história de vida? Nada disso! Visão realista mesmo!

Aprendi, há muito tempo, que é com um olhar realista, crítico, atento que você vence as batalhas.... E com esse olhar reflito sobre esses bichos mitológicos danados e agradeço a minha veia poética, otimista.

Fungo, limpo as lágrimas, fico com raiva, carrego as baterias e vou ver por onde começar a limpar o jardim queimado, onde colocar as primeiras sementes e, de mãos dadas com a alquimista maior, tentar florescer tudo de novo, adormecer o dragão por um tempo mais que seja..."

***

A partir da descoberta desta realidade que retomo minha vida. A superação inicia-se no exato momento em que me dou conta de uma realidade da qual andei esquecida – a vida não é linear. E os psicólogos e psiquiatras não são os inimigos.

Há que se tecer, no dia-a-dia, a possibilidade concreta de uma trajetória que é composta por infinitos momentos fortes, intensos, lindos.

> *Não posso desperdiçar essa história. Há um caminho a percorrer. Há uma vida por viver e desfrutar! Há um resgate a ser feito – o da tal Cristina de tantos mundos, projetos e sonhos.*

O encontro de si mesma no trabalho coletivo. A transformação de vida através do trabalho voluntário

As mudanças foram uma constante na minha vida. As adversidades —permanentemente encaradas de uma forma até irreverente.

Mesmo com todas as perdas, sempre fui o agente da minha transformação. Tive escolhas, opções de caminho e profissão.

Sempre contei com a capa de Mulher Maravilha - designação da minha força de enfrentamento para com os tais percalços do caminho.

Ao chegar nessa etapa da vida, na meia idade, por assim dizer, deparo-me, de frente, com uma realidade que não escolhi. Com uma fragilidade que nunca tive.

E essa percepção, com a agudeza de uma alma em pedaços, dói mais...

A agência de viagem, independente das minhas condições pessoais e da ausência dos filhos, já estava sofrendo um desgaste natural, com a alteração das relações entre fornecedores, clientes e a popularização da *internet*. As secretárias de qualquer executivo já realizavam reservas aéreas pelo computador da empresa. Famílias, por sua vez, começaram a planejar suas férias, diretamente com fornecedores, hotéis e transportadoras.

A decisão de fechar a agência, deu-se mais pelas minhas impossibilidades, do que pelas condições de mercado. Por mais que eu tenha racionalizado sobre a situação, quando aconteceu de fato, a autoestima desmoronou. Fui entrando em uma espiral de desencanto.

Os questionamentos começaram a aparecer: *Como encarar o novo, se ando confusa e mais lenta? Como me distrair com artesanato, se minhas mãos tremem e até costumo derrubar o café?* Como retomar *ao dia a dia, se o medo volta e meia se instala?* Como *gerar ideias, se meus pensamentos estão ocupados em controlar meus humores, que oscilam em um vai e vem?*

Variações entre raivas absurdas, medos insensatos, pressa – muita pressa, sono, dispersão e uma irritabilidade transbordante.

As oscilações não se dão por fases, elas tumultuam meus sentidos, muitas vezes, todas elas, em um mesmo dia. Tipo assim um "corcoveio" de sentimentos diários.

O maior desafio desse tempo foi fazer "cara de paisagem", despistando o tumulto interno. De novo, o teatro colaborando.

Nessa etapa, entra a assertiva da minha "alquimista" Helena (psiquiatra Helena Maria Calil) que, por incontáveis vezes, insistiu para que eu buscasse uma forma de atuar em algum coletivo dentro da área de saúde mental e que eu, inúmeras vezes, adiei essa decisão. Tinha a ideia de que iria encontrar pessoas limitadas, idosas, tecendo crochê para ações beneméritas – o preconceito sobrepondo-se à realidade.

O tédio era tanto, que decidi assistir, só para conhecer, a uma reunião denominada de uma forma nada convidativa – Grupos de Autoajuda, em uma Associação da área de saúde mental que lidava com bipolaridade e depressão (a Associação Brasileira de Familiares, Amigos e Portadores de Transtornos Afetivos – ABRATA).

Fui surpreendida, desde a palestra inicial preparatória, para participar dos grupos, pelos esclarecimentos e acolhimento. No primeiro encontro com o tal grupo, já me senti em casa. Eu não estava sozinha naquelas dificuldades de humores variantes. Encontrei muita gente com as mãos trêmulas, derrubando café.

A intensidade da transformação interna lembrou-me, novamente, das mutações tão bem descritas no livro da Liv Ullmann: há uma Cristina viável, mesmo necessitando de novos padrões. Serei eternamente agradecida por esse olhar social da Helena Calil.

***

A ação coletiva entrou novamente na minha vida. E o tal espiral de desencanto, mudou de rumo, ficou mais forte e intenso ao esperançar!

Uma vez mais, envolvi-me por inteiro. O desencanto transformou-se em júbilo, pela possibilidade de novos caminhos – com a Cristina possível.

Assistir a palestras e eventos, ler, permitiu-me assimilar minha condição e lidar com essa nova realidade.

Romper a capa da fragilidade foi assim como abrir uma janela para o mundo, como fazia em criança, através das leituras. Descobri que as habilidades naturais, ou adquiridas, apenas estavam camufladas com a baixa autoestima.

Lembro-me de um dos primeiros encontros da ABRATA, já como voluntária. Uma roda em torno de 40 pessoas – entre familiares e portadores (designação mais comum aqui no Brasil, para pessoas com alguma doença mental) em um clima melancólico; algumas pessoas desanimadas, outras ansiosas, outras, com sono pelo efeito da medicação. A tônica era da tristeza, ou raiva, por um diagnóstico recém feito. Medo do desconhecido.

Foi exatamente ali que me dei conta de que poderia desempenhar um papel que fizesse diferença nesse segmento.

Pedi a palavra. Era para ser mais um depoimento com voz monótona, mas a Cristina – a do teatro, entrou em cena. Levantei-me, abri os braços e exclamei em alto e bom som:

"EU ESTOU MUITO FELIZ! FINALMENTE TENHO UM DIAGNÓSTICO! POSSO COMPREENDER TUDO AQUILO QUE ESTÁ PASSANDO!
A partir desse momento – posso buscar tratamento, informação e orientação para lidar com a situação!"

Provoquei uma sacudida geral, ao mostrar que se pode enfrentar esse tal desconhecido, de uma forma diferente – como dizemos lá no Sul, *"agarrando o touro pelas guampas"*.

O clima da reunião mudou instantaneamente. Foram várias as risadas, pela veemência do meu *"alívio de ter um diagnóstico"*.

Aí, entra um ponto absolutamente único nessa situação – não ser vítima. O de ser protagonista de uma história.

***

Se, em um dado momento da minha vida, conquistei a liberdade de escolha do que vestir, ser espontânea ou dar risada sem ter que cuidar para não "provocar" os companheiros, agora, a conquista foi a de permitir-me a mesma espontaneidade no manifestar emoções, ou no vestir, sem o medo de estar com algum tipo de crise do transtorno do humor.

Nessa busca pela Cristina em potencial, resgatei experiências anteriores. Descobri que esse lado tão militante, desenvolvido em mim, é uma faca de dois gumes. Algo similar ao que Carlos Castañeda coloca em seus livros místicos – o que é meu aliado hoje, em determinado momento, pode tornar-se meu inimigo.

Se, de um lado, o rigor e a disciplina militante me auxiliaram a passar pela volatilidade dos meus humores, por outro lado, viciaram minha relação dentro da própria organização, tornando-me, nos primeiros anos de trabalho, muito mais uma tarefeira do que voluntária com voz e voto.

Os aprendizados foram muitos – mais que a informação sobre doença mental, diagnósticos e tratamentos, a compreensão do que é ser voluntário e seu papel social.

Eu conhecia ações beneméritas exercidas, geralmente, em paróquias, hospitais ou orfanatos por pessoas de fé e abnegadas religiosas. De repente, abriu-se um novo mundo de possibilidades frente a instituições de direito privado, sem fins lucrativos e que desempenham um papel de interesse social, em torno de um objetivo comum – o chamado terceiro setor.

Mais uma vez, fez-se necessário a mudança de foco nas leituras, treinamento e práticas. Foram tempos de reaproximação com o trabalho desenvolvido pela antropóloga Ruth Cardoso, entrosamento com outros trabalhos oriundos da Comunidade Solidária que, justamente, formatavam as ações voluntárias, organizando as relações entre a sociedade civil, empresas e universidades, em consonância com ações sociais governamentais.

Na ABRATA, a minha experiência profissional permitiu-me colaborar no aperfeiçoamento do modelo de formação de coordenadores, agora, já corretamente denominados Grupos de Ajuda Mútua (GAM) – de portadores e de familiares, na premissa do apoio entre iguais. Sua atuação era facilitar a dinâmica do coletivo que escolhia temas e desenvolvia a abordagem entre os participantes.

Dentro desse segmento, fui me redescobrindo:
a sonhadora do tapete mágico; a militante severa;
a guerreira; a mãe por inteiro; totalmente família e
absolutamente cidadã do mundo – tímida e ousada;

meiga e furiosa; com uma necessidade básica de buscar conhecimento.

Uma Cristina formatando-se em algo construído desde sempre – *"o homem é um ser social"*, seja na visão aristotélica ou de Engels e Marx. Nesse contexto, cúmplice fraterna no apoio às causas sociais. É na ação coletiva que me fortaleço como pessoa.

Consolidei aprendizados e valores no "tsunami" dessa construção interna. Ser voluntária na ABRATA, participar em diversos cargos da diretoria e ser presidente de uma entidade de saúde mental, onde predominava a ação orientadora de profissionais de saúde, foi uma conquista para mim e demais portadores de doença mental.

Um progresso de degrau a degrau, rompendo com paradigmas, dando horizontalidade às ações, independente da condição de portador, familiar ou profissional da saúde.

Lembro-me de um ponto nevrálgico enfrentado: a autocensura, diretamente ligada ao grau de insegurança pessoal e ao estigma frente a doença mental.

Costumamos treinar, dia-a-dia, para controlar o tumulto das nossas emoções, expressar tão somente o comedido aceito socialmente e, junto com isso, vamos amordaçando a autoestima, tornando-nos inseguros para expressar opiniões, defender posições, ainda mais frente aos que representam autoridade, como profissionais da área da saúde.

A instabilidade, ou sazonalidade dos humores dos bipolares ou depressivos, faz com que haja necessidade de um tempo de estabilização das crises – na adaptação de medicação, ou para evitar gatilhos estressores. A alternância dessa situação dificulta o exercício padrão de uma Diretoria com cargos e funções diferenciadas.

Idealizamos e compartimos inúmeros cursos e treinamentos. Parcerias com o Centro de Voluntariado (CVSP), Universidades (FGV, UNINOVE) e o CVV (Centro de Valorização da Vida). Cursos específicos para gestores e captadores. Pessoas incríveis transitaram na ABRATA nesse período.

Ser produtivo e financeiramente bem sucedido, na área empresarial, é diferente da estratégia de sustentabilidade do terceiro setor, ainda mais em uma área tão estigmatizada como a da saúde mental.

Descobrimos que, mesmo profissionais competentes em sua área de atuação, ou pessoas com enorme boa vontade e garra para o trabalho, ainda necessitam do conhecimento e da qualificação de gestão no terceiro setor.

Boa vontade não é sinônimo de capacitação.

Foi nesse processo que cada um dos voluntários foi se encontrando como pessoa, desenvolvendo habilidades e direcionando sua vida. Houve ali uma ebulição de crescimento, criatividade e muita esperança.

Deixamos de ser pacientes, para nos tornar pessoas.

Emociono-me ao lembrar das amizades consolidadas e do crescimento coletivo do voluntariado na ABRATA.

Ganhei um bônus no crescimento interno:

> *Coloquei a doença, meu diagnóstico, no seu devido lugar: um aspecto do meu eu.*

Aprendi a cuidar do que chamo "faróis internos" – prenúncios da crise que se avizinha. Dos gatilhos estressores que se apresentam e, principalmente, aprendi a retomar o dia-a-dia, com o compasso possível, sem perder tempo com lamentos.

Em um momento de estabilidade, fica fácil ponderar a respeito dos sentimentos. Mas, a conquista se dá no dia a dia, naqueles momentos em que você pensa que vai sufocar de medo – tanto medo que mal consegue respirar. Ou quando precisa contar até 10, para lembrar-se das pequenas coisas que se equilibram.

***

Certo dia, cheguei com uma angústia galopante ao consultório da psicóloga. Um medo enorme se avizinhando. Medo que é um misto de lembranças infantis, da minha mãe, da madre diretora – "*que será que fiz de errado?*", rapidamente, pulando para o medo de ser presa e torturada, de perder meus filhos, de morrer, tudo isso em um vai e vem descomunal na cabeça, dando falta de ar, tremedeira e vontade de fazer xixi.

Nessa hora, a empatia do outro é fundamental

– é quando você se sente acolhida, compreendida e respeitada naquela dor que é real para você. Rapidamente, a Consuelo colocou folhas de papel em branco e muitos lápis na minha frente. Segurou minhas mãos, acalmou um pouco a sensação de gelo e a tremedeira delas. Pediu para eu colocar, ali no papel, todo aquele medo, como o sentia e o percebia. Foram minutos de um total massacre de traços desordenados. E aquela maga da minha vida, serenamente me olhou de frente, séria, respeitosa e me disse para olhar o que tinha feito.

— Cristina, veja, você colocou em uma folha todo o medo, rabiscado, está aqui dentro da folha, não saiu... está fechado nela. Esse medo não é maior que a sua cabeça, não é maior que esta folha, você pode com ele, é só não ter medo dele...

Naquele momento que tive um clique cerebral – de controle da situação.

Percebi que, se eu conseguir segurar os primeiros instantes do pânico, posso controlá-lo. Ele está dentro de mim, dentro da minha cabeça, não pode me engolir ou me ferir.

Conhecimento assimilado para uma vida toda.

Se alguém já foi a algum terreiro de umbanda ou mesmo participou de uma sessão espírita, vai saber que os médiuns ou pessoas "*incorporadas*", após o evento, ficam extremamente cansadas. É o mesmo que acontece após o controle de uma das crises de pânico. Exaustão.

***

Tenho o privilégio de estar casada com um verdadeiro companheiro de vida, empático até a alma. Em algum desses momentos em que surge o pânico, sento-me ao seu lado, assistindo à TV, fazendo algo no computador. Fico ali, quieta. Ele também. Em determinado instante, um aperto de mão e a pergunta terna – "*pinico?*" (é como ele designa). Há um entendimento. Conforto e força. Isso ajuda tanto!

Além do pânico (uma das comorbidades do transtorno de humor), há o episódio que designa a doença – os dois polos – euforia e depressão.

Quando se avizinha a depressão, os tais faróis internos começam a dar sinais... cansaço, irritação até pelo jeito de alguém passar por você; as notícias do dia-a-dia tornam-se asfixiantes, num grau desproporcional. É aí que você *vai ficando como uma esponja*, absorvendo o sofrimento, o medo e preocupação de tudo e de todos. Chora em qualquer filme, seja ele alegre ou triste, o que seja, o importante é chorar sem nem mesmo saber o porquê.

Nesse momento, entra o treinamento militante. Estabelecer metas. Pequenas, sem criar muitas expectativas – pela manhã farei isso e isso; à tarde, aquilo. Vou tomar banho tal hora. Caminhar mais, fazer mais exercício, nem que seja tirar a mesa, indo e vindo com as peças, uma a uma. Uma música que, mais que fazer chorar, faça dançar.

O tragicômico entra como um parêntese nesse momento e fico imaginando qual a semelhança entre o desconcertante reflexo das pessoas que, em qualquer crise, saem correndo para comprar papel higiênico e as pessoas deprimidas, se escondem para não tomar banho. Quando começa a ficar difícil tomar banho, mesmo no verão... *hummmm* avalie seu comportamento. O farol interno já está indo do amarelo para o vermelho... presta atenção!

Na euforia, é um pouco mais difícil. Ela é tal qual canto de sereia. É gostosa, no início. Dá força, energia. Para conseguir perceber a luz amarela, avisando "opa... pera aí", é mais complicado.

Descrevi anteriormente a respeito da tal máscara "cara de paisagem", para que ninguém perceba os tumultos internos, lembra-se? Pois é, aqui, entra em cena a capacidade de perceber os olhares das pessoas ao seu redor e as percepções se voltam em torno de: *"estou falando demais, contente demais, fazendo coisas demais..."*.

Demandou um tempo para aprender a diferenciar autocensura da capacidade de perceber o público.

Geralmente, percebo a euforia já num ponto adiante da percepção da depressão – já quase no vermelho. É bom ser produtiva, alegre, saltitante. O tomar banho nem é percebido, de tão fácil. *"Desligar"* é mais difícil.

Com toda a empatia e proximidade que temos, meu marido não consegue entender quando pergunto como ele faz para deixar de pensar. É aí que percebo que minha voltagem sempre foi diferente. Se a marca do velocímetro é mais palpável nos 100km, para mim, isso só acontece a partir dos 300 ou 400km. Vem daí o rápido discernimento da depressão que incomoda na sua marcha lenta e a dificuldade que tenho em ver que já estou nos 600km...

Agora, com o estado de euforia, as metas são outras - *desacelerar.* Mais artesanato, pintura, cuidado com as plantas. Menos exercícios físicos e principalmente, ao cair da tarde, nada que estimule o cérebro – celulares e TV devem passar longe. Concentrar-me na arrumação de algum armário ou gaveta. Cozinhar é uma bênção – sovar, amassar, picar. Organizar congelados, separar alimentos, acalma.

Toda essa roda gigante de humores variados dão um descompasso na concentração e, até mesmo, causam perda de memória simples – fica difícil lembrar de uma receita, até do nome de algum legume, ou fruta, ali, na sua frente. Você sabe o que é, está ali vendo, pode descrever, mas não consegue trazer do cérebro para a boca a palavra correspondente, há uma espécie de curto-circuito.

Ler me ajuda na concentração, traz-me foco – em todas as situações. Sou uma leitora voraz.

Um dos presentes mais emocionantes que ganhei do Francisco foi um *dispositivo de leitura de livros virtuais.* Lembro-me ainda da cena, eu ali, emocionada, maravilhada com o presente, agradecendo quase às lágrimas e ele – que prefere perder a amizade, mas não a chance de brincar – disse-me que também estava emocionado, pois até tinha pensado em comprar uma livraria, para não ir à falência com tantos livros que eu compro... e que o leitor digital facilitava... céus! Só rindo junto no despencar do perfeito momento romântico de agradecimento! Sem contar a mala pesada de tantos livros, nas nossas incontáveis viagens mundo afora; que mesmo após lidos, não conseguia me desfazer.... Se me pedirem para descrever, em poucas palavras, o conceito de alma gêmea, fica fácil: Francisco – maridão.

***

No início de 2000, aceitei uma enorme "provocação" – retomar os estudos de filosofia, através do sistema EAD (Educação a Distância) – num período em que ainda estavam aperfeiçoando esse sistema. Foram horas infernais para adaptação ao aplicativo utilizado, os debates *on-line*, a assessoria dos professores. A parede repleta de papeizinhos para lembrar os mecanismos do aplicativo e o tema que estava tratando. Foi um dos maiores treinos para manter o foco.

Quando criança, por ser estrábica, ia a um consultório oftalmológico "treinar" a colocar um peixinho dentro de um quadradinho com meu olho errático. Céus, que luta! Senti o mesmo agora ao tentar colocar meu cérebro alinhado ao sistema EAD.

O tanto que leio é também o quanto assisto a filmes. É impressionante o número de vezes de que me dou conta, geralmente, já lá no meio deles, de que já vi o tal filme, ou mesmo, li o tal livro... Quando é objeto de distração, fica até cômico. Mas, estudar nessas condições, tendo que reler o último parágrafo, porque esqueceu, fica difícil.

Após dois anos, saí do curso. Por opção. Apesar

das dificuldades de memória e concentração, encarei como treinamento e desafio. Divertia-me nas reuniões presenciais mensais, com a tal "feijoada filosófica" entre os colegas, após as aulas. Mas, dei-me conta de que nas aulas ministradas por jovens professores, eu mais acrescentava que aprendia. Alguns textos discutidos e apreciados eram do professor Gerd Bornheim. Eu já havia sido aluna dele na UFRGS. Virei atração e fonte de informação.

***

Nesse redemoinho de crescimento interno fui, paralelamente, desenvolvendo mecanismos de superação das dificuldades, na ação coletiva.

Ao assumir a presidência da ABRATA, após vários anos de voluntariado, desenvolvi uma nova configuração de diretoria – havia funções e denominações tradicionais, mas agíamos como equipe que acompanhava todos os andamentos e ações, de tal forma que as dificuldades individuais eram supridas pelo trabalho do coletivo.

Essas descobertas e adaptações foram feitas com criatividade e até bom humor – xícaras maiores para não derrubarmos o café pela mão trêmula; cadernos e lembretes, para suprir os eventuais "*ops*" de memória... Procedimentos simples foram descritos em prontas referências – passo a passo no uso da cafeteira, como arrumar as salas para os eventos, esquemas para facilitadores dos grupos, atendimento telefônico, novos voluntários, inscrições etc.

É possível criar alternativas na construção

de modelos de desempenho profissional. Novas condições para pessoas capazes, inteligentes, com habilidades, apenas desalinhadas pela condição do transtorno mental.

Mais que isso, comprovar na prática, que, além do discurso, há a efetiva possibilidade de desempenho de atividades laborais diversificadas.

O desabrochar da arte e criatividade foi um dos marcos nessa trajetória de mais de dez anos como voluntária. Pequenos encontros culturais, de artesanato, desfiles, na própria sede, ou eventos de maior porte, com mostras de arte e artesanato, teatro e peças musicais realizadas em parceria com artistas e empresas.

O alcance da importância dessas ações dava para medir pelo brilho do olhar de cada um, em suas pequenas ou grandes conquistas.

Cada qual foi desenvolvendo suas aptidões e, generosamente, dividindo o conhecimento entre o grupo. Esse processo permitiu um aprendizado coletivo na horizontalidade das ações em uma organização como a ABRATA.

Os profissionais da saúde percebiam a importância da associação como uma possibilidade de melhorar o tratamento do paciente, fortalecendo o apoio familiar e a compreensão da doença, através da informação. A ABRATA foi criada dentro do Instituto de Psiquiatria da USP que, juntamente com profissionais de destaque de outras universidades, como a UNIFESP, formavam o Conselho Científico e até mesmo participavam de sua diretoria. Na estrutura organizacional, eram agentes colaboradores e condutores das ações.

Nesse processo de crescimento interno, o aprendizado foi em mão dupla: para portadores e familiares - a informação, a troca de ideias, o crescer coletivo, e para os profissionais da área de saúde – mais que "orientar", o "estar junto", como um voluntário a mais, quebrando paradigmas enraizados...

Sou uma palestrante nata que, ao longo do tempo, aperfeiçoou técnicas de comunicação com o público. Foram várias as vezes em que familiares, ou mesmo estudantes que assistiam às minhas palestras, vinham trocar ideias sobre o assunto abordado, tratando os portadores como "*eles*", colocando-me em uma condição diferenciada e equivocada, por não acreditarem que a *palestrante brilhante* pudesse ter um transtorno mental. Exemplo claro do longo caminho a ser percorrido na luta contra o estigma da doença mental.

***

Os novos paradigmas de trabalho desenvolvido na ABRATA enquanto fui presidente, geraram um desassossego geral. Mudanças incomodam. Ainda mais, se realizadas de uma forma diferente e numa voltagem muito própria de quem anda naturalmente entre os 200 e 300km.

Talvez, a marca da minha atuação tenha sido exatamente essa - dar uma *sacudida geral,* seja de princípios organizacionais ou seja no *olhar e respeitar o outro.*

Conquistas, avanços, nunca são simples e lineares. A ação entre os portadores, esteve permeada de inseguranças, gerando situações de desconfiança e pressão no exercício do meu mandato.

Finalizar a gestão como presidente, foi uma espécie de encerrar um ciclo. Precisei de muita resiliência. Quem, inegavelmente, esteve ao meu lado nessa trajetória de tanto desafio e desgaste, foi o Francisco. Seu maior aporte foi o respeito à minha pessoa, a troca de ideias entre dois profissionais, discussão de encaminhamentos e posturas, sem jamais questionar minha capacidade de enfrentamento e superação.

Foi nessa época que desconstruí sonhos de grandes conquistas. As disputas de poder, as manobras e a inveja, são exatamente as mesmas, em partidos políticos ou organizações sociais. Aqui, a sensação do *Déjà Vu*.

Momento intenso, justo quando minha maga foi embora. A querida psicóloga Consuelo Assis de Carvalho morreu rapidamente após um AVC.

Também houve todo um processo de descobertas e conhecimento, onde a alquimista idealizada foi desconstruída, para que eu encontrasse a psiquiatra humana, como todos nós, profissional competente, amiga de sempre, companheira de luta nas causas sociais. E, só aí, pude, efetivamente, ser apoiada como pessoa, com os mesmos valores e sonhos. Um privilégio ter a Helena Maria Calil como minha psiquiatra.

A tal sacudida geral chegou dentro de mim, meio ao estilo socrático, questionando valores, ética, comportamentos. Mesmo continuando companheira do Betinho (sociólogo brasileiro), no tal "Exército dos Brancaleones", houve um cataclismo interno.

A desconstrução abriu comporta (para uma bipolar, uma porta é muito pouco) para novos caminhos!

A DESCOBERTA DE UMA CUIDADORA NATA

Uma mulher capaz de refletir cuidado em suas realizações. O encontro da vocação: o amparo infantil através do lúdico

Quando encerrei meu mandato de presidente da ABRATA em 2011, estava exausta. Mas, com a firme convicção de ter crescido e superado etapas. Atuei por mais de 10 anos como voluntária, desempenhando várias funções. Ao ser presidente, fiquei na linha de frente das ações, posturas, principalmente das consequências.

Saí da zona de conforto de militante, impecável, atrás do palco e recebi o impacto dos holofotes e tudo aquilo que o acompanha.

Esse aprendizado cruzou a fronteira pessoal. Fortaleceu, deu voz às pessoas com deficiência mental. O que antes era apenas possibilidade, tornou-se real, palpável, com algo que me foi apresentado mais tarde com a frase "*nós somos o sujeito de nossa própria história*".

Tenho, na memória, dois fatos marcantes durante essa trajetória:

O primeiro foi quando me deparei com a insistência de uma menina de 10 anos querendo participar dos grupos de Ajuda Mútua de Familiares (os estatutos colocam a participação apenas a partir dos 18 anos), ela queria muito porque acompanhava sua mãe que ia participar nos grupos de portadores.

Ficava lá na sala de espera, inconformada por não estar no grupo de familiares. Quando tentei explicar que nos grupos participavam somente adultos, ela me olhou muito séria, indignada e disse para mim: "*eu convivo diariamente com minha mãe bipolar. Quero saber como posso ajudá-la, como lidar, no dia a dia, com os ataques de raiva ou choro dela. Eu já estou dentro do assunto dos adultos, pois sou eu que moro com ela. Preciso de ajuda para ser filha dela...*".

A segunda situação foi gerada pelo fato de eu ser uma "presidente bipolar". Como se essa simples característica viabilizasse um "pode tudo". Havia uma proposta de se transformar a sede da ABRATA em uma espécie de centro de convivência libertária, com atividades livres e diversificadas. Cada qual definindo o que fazer, com a sede aberta 24h. Uma sensação dos anarquistas, assumindo e dissolvendo a estrutura.

Foram duas questões distintas, que foram resolvidas de forma adaptada à realidade daquele momento – dando uma assistência e participação diferenciada da menina de 10 anos e organizando alguns eventos adicionais de lazer, cultura para os associados.

***

Ao deixar a presidência, afastei-me para dar espaço a quem chegava. Precisava desvincular-me do papel de presidente de uma associação e retomar meu caminho. Principalmente, descansar e absorver os ensinamentos do período.

Resgatei minhas inquietudes e, com a liberdade de ser Cristina, iniciei projetos para completar o que havia desenvolvido nesses anos todos.

Mais arte, cor e luz no acolhimento às crianças e jovens. O lúdico interagindo com quem tem dificuldades de expressar sentimentos.

As inovações tecnológicas, sejam na área da comunicação ou da informação, instigam memória e o foco. Encantam-me esses estímulos, desde os tempos da agência de viagens, com os sistemas de reservas de passagens aéreas, fax, programas exclusivos de atendimento aos clientes. Minha familiaridade com novidades da área facilitaram o uso do computador e seus programas. Participei da elaboração do site da ABRATA, mas foi no administrativo/financeiro que consegui os melhores resultados – implantando um modelo personalizado, com controle dos associados e arrecadações, fruto de uma parceria, na área tecnológica, das agências de viagens.

Não tenho certeza se os parágrafos citados, como simples relato, dão noção da dimensão exata dessas conquistas!

Minha geração foi a que estudou datilografia em máquinas enormes, pesadas. Geração que usou mimeógrafo, antecedendo às cópias nas máquinas Xerox. Lembro-me de que, em 1986, em plena campanha política, o escritório ganhou um aparelho de fax e, naquela época, não tínhamos a menor ideia de para que servia ou com quem usá-lo. Acrescente à questão da idade, o desconforto frente ao novo, a dificuldade de concentração, ou a lentificação resultante de alguma crise ou tratamento. Percebe, agora, a real dimensão do desafio?

"Está com medo?... Vá com medo mesmo..."

Em 2012, criei um blog focado nas crianças e adolescentes com dificuldades na área de saúde mental. Com contos, entrevistas e frases de efeito. Uma espécie de laboratório para se perceber qual o próximo caminho a seguir.

O projeto era grandioso, ainda com a ideia de abarcar o que percebi que faltava na ABRATA: uma informação mais diversificada, abrangendo o público infanto-juvenil.

Fica difícil estabelecer, cronologicamente, como se deu o desenvolvimento desse trabalho. Deixo o registro desse percurso, entremeado de pausas, para cuidar da saúde (não necessariamente a mental) e viagens.

O blog continha variados segmentos de informação sobre os transtornos de humor na criança e no adolescente, entrevistas com profissionais da área da saúde e educação, imagens e *memes* para cativar os jovens e histórias infantis, tratando abertamente de algumas patologias que são, normalmente, tratadas como tabus.

Com o aumento dos acessos, resolvi construir um site – quase um portal! Montei um indicador profissional na área de saúde mental focado na criança e no adolescente – informação sobre atendimento gratuito nos estados e cadastramento de profissionais por cidade. Tarefa absolutamente extenuante, que exigia contato telefônico, uma vez que as informações nos sites oficiais, geralmente, estavam desatualizadas.

Durante esse processo, surgiram dúvidas de: como cadastrar profissionais de saúde, atendendo a critérios mínimos de confiabilidade? Qual registro ou pesquisa fazer?

Subitamente, dei-me conta de que o projeto

exigia o trabalho de uma equipe.

A experiência de vida permitiu-me ter a clareza de que estava abraçando um compromisso muito maior do que o possível.

Estava na hora de traçar um projeto viável, dentro dos limites de um trabalho individual.

***

Antes de dar continuidade ao relato profissional, importante traçar o paralelo dos sentimentos frente à família. Mãe & Madrasta de seis e já avó de muitos... de nada adianta grandes projetos sem ter a coerência nas atitudes diárias e familiares.

Meu traço cuidadora sempre esteve presente, no trabalho ou na família. Na época em que éramos eu e meus três filhos, havia momentos em que fechava os olhos e ia para um estado onde o imaginário predominava. Confesso, buscava um cabide mágico, onde pudesse pendurar cada filho, fazê-los brincar, sonhar o que quisessem... e eu os deixava ali, felizes, dentro do guarda roupa fechado, tudo silencioso... permitindo-me ser Cristina por uns instantes... Trancar a porta do banheiro, ou não responder aos insistentes "*Mãe, MÃE, mãeeee...*", fazendo-os descobrir que havia momentos que eram só meus, foi uma conquista!

Lembro-me de, ainda em Brasília, fazer a Campanha do 1 – uma espécie de contrato: ao invés do tradicional desgaste para fazê-los voltar pra casa, ou sentar-se à mesa, sempre escutando a famosa frase "*ahhh só mais um pouquinho*"... eu esforçava-me para chamá-los, em um horário esticado, no último momento – uma vez só e pronto! Colocamos cartazes pela casa com o número 1, para nos lembrar do trato feito.

Já em São Paulo, ainda sozinha com eles, depois de uma semana de trabalho, eu precisava de um final de tarde de sábado tranquila, lendo (tempos de Marion Zimmer Bradley), tomando uma taça de vinho e abstraindo a realidade.

Novos acertos – haveria momentos em que mãe sumiria e só ficaria a Cristina... E lá estava eu, em um desses momentos, música ao fundo, livro me envolvendo por inteira, porta fechada com o bilhete: *"A Mãe saiu, só está a Cristina, favor não incomodar"*, quando vejo passar por debaixo da porta um bilhetinho com flores e corações, obviamente pensado e redigido pela Mariana e que dizia: *"Cristina, por favor, avisa minha mãe que nós vamos descer pra brincar lá embaixo"*.

Éramos assim – muita criatividade e afeto na descoberta de uma relação entre mãe e filhos.

Transportem essa situação para o dobro de filhos, a mesma quantidade de banheiros... cinco adolescentes e uma criança. Mais uma vez, surge a analogia com o amigo caleidoscópio! Formas caóticas em movimentos contínuos, cada momento de um jeito... mas brilhantes, vivos, coloridos, incríveis!

Registro os sentimentos que permearam a descoberta de como ser mãe, madrasta e avó, quebrando os paradigmas de um ser abnegado e servil. Causa-me arrepios aquela poesia do Coelho Neto, onde nos anula ao colocar-nos, mães, no papel de *"padecer no paraíso ou desdobrar fibra por fibra o coração"*.

Se nos tempos de filosofia e política, li muito sobre dialética, fui obrigada a praticá-la no processo de adaptação dessa nova família composta de seis filhos com distintos sonhos e formação. O desafio do casal para harmonizar diferentes métodos de educação só foi possível pelo respeito mútuo entre nós. Felizmente, os pontos em comum superavam, em muito, os desacordos. A questão sempre presente era: como ordenar dois apartamentos separados por 13 andares? (Lembrando que o apartamento do Francisco era no 3° andar e o meu, no 16°).

Na juventude, rompi com grilhões culturais do papel da mulher na sociedade. Como mãe, precisei quebrar arquétipos enraizados, até mesmo em mim. E mais – como lidar com filhos e enteados? Como trabalhar o respeito às diferenças, suas restrições ou necessidades? Horários, regras, tratos? Nas situações onde foi necessário impor limites, ordenar, eu passava de mãe para madrasta ou de mãe para traidora que privilegiava enteados.

Se houve histórias e situações incríveis com meus três filhos, imagine com seis, em plena adolescência! Estilos de roupa, cabelos coloridos, desafios para fazer tatuagens, ou usar *piercings*. Lembro-me de uma madrugada em que a vizinha abaixo do apartamento em que eles moravam, tocou a campainha; ao me ver sonolenta, disse raivosamente *"pois é, você está dormindo tranquila, mas seus filhos não me deixam dormir!"*. Só me ocorreu avisá-los, por interfone, que eu tinha aconselhado a vizinha a chamar a polícia e que eles seriam responsáveis pelo que estava acontecendo. Que não contassem comigo. No dia seguinte, Mariana levou flores, compradas com o dinheiro deles, com um pedido de desculpas para a vizinha. O que mais me chamou a atenção foi que a irmandade deles surgiu na cumplicidade das transgressões que, com certeza, até hoje não tenho total conhecimento.

Foi um tempo de perambular entre dois vórtices: o familiar e o bipolar!

O desafio foi muito mais amplo do que romper com os grilhões culturais. Foi necessário exercer autoridade, como mãe, e ignorar a filha rebelde existente dentro de mim – precisei harmonizar meus próprios sentimentos. Lido muito mal com a autoridade. Na maioria das vezes, só conseguia exercê-la através de textos ou conversas extensas, ou explicativas demais...

Em família, buscávamos os papéis de cada um. Amenizar disputas por atenção. Trabalhar em equipe. Minha maior conquista foi deixar de *"ser sanduíche"* do coletivo. *"Mãe, fala pro pai que..."*; *"Mãe, fala pro Francisco..."*; *"Cristina, melhor você falar, porque vou perder a paciência..."*, entre tantas outras! O mais incrível é que eu já me adiantava às questões, para evitar que acontecesse algo – tipo assim uma mãe *"pingue-pongue"*.

Fiz as pazes comigo mesma e decidi oferecer memórias familiares, apoio consistente em momentos chaves e deixar fluir o tal tempo, respeitando o momento de cada um, para aproximações entre mãe, madrasta ou avó.

Festas tradicionais de fim de ano. Bacalhau na Sexta-feira Santa. Deleite puro com os enxovais dos netos, lavados e, carinhosamente, ordenados por tamanho. Encontros de aniversários. Respeito ao gosto e desgosto de cada um (com passas, sem passas, vegano etc. etc.). Visitas e suporte para as netas distantes. Há receitas culinárias, orientações de cuidados com os filhos dos filhos, repasso aprendizados e dicas. O mais importante: o acolhimento – SEMPRE. Colo. "*Carinhos quentes*", como costumamos denominar a grandeza do apoio.

Meu maior empenho é em passar exemplo pessoal: resiliência, solidariedade, esperançar sempre! Mais que discurso – ação.

É essa bagagem de estrutura familiar e valores pessoais que norteiam minha trajetória profissional.

***

Aposentei todas minhas capas de Mulher e Mãe Maravilha. Acertei o compasso da vida – respirei com calma, refiz meus projetos.

Dei uma reviravolta no meu trabalho: construí um site exclusivo de histórias infantis. Conteúdo lúdico, de fácil compreensão, interagindo ao estilo ajuda mútua, deixando vir à tona todos aqueles sentimentos que permearam meus tempos de criança. Tipo assim: "*eu entendo vocês, contem comigo! Vejam o que tal personagem está dizendo através dessas histórias*".

E fui adiante – não se rotula diagnósticos ou patologias. Há situações e emoções a serem abordadas. Cada personagem apresenta características muito próprias e a interação entre eles é vivenciada com cenas do cotidiano, em um cenário de uma floresta encantada. Em cada um deles, a multiplicidade das minhas vivências, enquanto criança.

No meu site, conto histórias infantis – as Estórias Diferentes!

Elas narram dificuldades que algumas crianças possuem para expressar seus sentimentos, ou para compreender algum conteúdo didático. Ao colocá-las frente a um cenário, com personagens com os quais se identificam, fica mais fácil lidar com a situação. Aqui não há heróis para onde se transfere o poder de lidar com um fato, mas a certeza de que se pode ter amigos, mesmo os invisíveis, que apoiam, dão força e colaboram para superar ou expressar, de forma mais clara, o como se está sentindo. É o empoderamento de cada um.

Através da leitura, viajei por mundos e situações das mais diversas. Ao ser a autora dessas histórias, sinto um vínculo ainda maior – como se entrasse dentro do cenário e vivenciasse as aventuras junto aos meus personagens. O tapete mágico da minha infância e o teatro de épocas escolares ressurgem de forma concreta, sessenta anos depois.

Meus personagens são formas geométricas simples, fáceis de reproduzir. Em um curso de bordado, encontrei uma senhora que se apaixonou pelos meus personagens e criamos bonecos de feltro, estilo frente e verso, dois de cada, sendo que cada lado com uma expressão: riso, raiva, tristeza e espanto. Nomes curtos, não usuais, evitando comparações. Alguns deles são apelidos de pessoas especiais. O Chida, personagem central das minhas histórias, é o apelido do mano Carioca. Zita, é o apelido de uma querida amiga, que mora longe, lá nas terras da Paraíba. Foi ela que cuidou de mim, lá nos anos 90.

O cenário tem a ver com um universo de lembranças da minha infância – as tais cidades criadas nas brincadeiras dos meus irmãos – Regolish e Roligon formam a Floresta dos Rolls. Nessa floresta encantada, há lugares de encontro entre amigos, cantinho das tristezas e se destaca a biblioteca, cenário incrível para dar forma à criatividade e gosto pela leitura.

Confesso que, às vezes, me distraio tanto, imaginando as histórias, que me perco no caminho. Francisco disse que, volta e meia, me pega dando risada sozinha – há alegria e prazer no que faço!

Lembro-me de quando estava grávida e de repente, dava-me conta de que havia várias outras grávidas ao redor. Fico sempre com a sensação de que os iguais se atraem! Quem já teve perna ou braço engessado sabe do que estou falando... e aconteceu depois que comecei a escrever.

Parece que entro em universo paralelo, percebendo as crianças nas situações do cotidiano – suas aflições, a irritabilidade, geralmente, desproporcional dos adultos. Fatos mal explicados, raivas contidas. Puxão no braço, e o pequeno, de pernas curtas, tendo que acelerar o passo, quase pendurado, com o braço em riste...

Medo refletido em um olhar, e manifesto em forma de gritos e chutes. A falta de abraço... mais que isso, a falta de efetivamente, escutar a criança, do diálogo, sem que ela possa expressar seu pensamento. Ou, as concessões exacerbadas, com a criança negociando o *"eu quero"*, na base do escândalo que envergonha os pais.

Percorro o tal universo paralelo no meu dia a dia nas inúmeras viagens, e vou acumulando dados para novas aventuras.

Busco o personagem que mais se adapta à situação e desenvolvo a estória, a tal diferente, na ótica daquele pequeno.

Aproveitei-me da condição de ser uma viajante assídua e criei, junto com o Teo, um dos pequenos (crianças) de Regolish, segmento especial sobre viagens. Promovo conteúdo didático de informação cultural, geográfica, costumes e fatos, ao mesmo tempo que chamo a atenção para o *"olhar"* da criança nos passeios que, geralmente, são para adultos, com permissão para crianças acompanhar.

O outro bloco do site relata o dia a dia de uma vila em uma floresta encantada, onde os pequenos vivem. Aqui, os *"olhares"* e sentimentos são expressos através das aventuras desses personagens.

Na intensidade da criação e narrativa das aventuras, tenho quem me acompanha. A amiga Maria Helena Magri, descoberta maravilhosa de alma gêmea, no voluntariado ABRATA, entra junto comigo em todos as estórias e textos, aparando arestas gramaticais, concordâncias verbais e a cada correção, uma aula a respeito. Minha Mestra! Além da cumplicidade nas estórias, a irmandade nas dificuldades próprias do envelhecer, dores ósseas, musculares e a troca das boas energias, através de brincadeiras otimistas, na busca de uma paciência que, por vezes, escapa-nos...

Descobri que a facilidade que tenho para criar uma história é diametralmente oposta à criação das imagens. No momento em que escrevo passa-me pela cabeça, como se fosse um roteiro de história em quadrinhos, um sem número de possibilidades de figuras para acompanhar. Muitas vezes, o processo de criação começa com as imagens. Além de ter que objetivar esses modelos ou figuras que são coadjuvantes, tenho que lidar com a falta de destreza técnica no uso das ferramentas para criá-las, inseri-las. Ainda lidar com a rápida modernização dessas plataformas ou aplicativos. Quando consigo me adaptar, já estão obsoletos!

Há, nessa trajetória de criação, um processo contínuo para aperfeiçoar formas na "*contação*" das estórias. Iniciei com um *blog*, ferramenta simples, para em seguida, criar um site – quase um portal, vinculado a uma agência de comunicação, sempre acompanhada pelo filho Caetano, como diretor de arte. Através dele, evoluí para utilizar uma plataforma CMS de gestão de conteúdo (da sigla em inglês *Content Management System*), que me permite editar diretamente as estórias.

A arte gráfica, logo e mídia social é feita e dirigida pelo filho Chico que, além de modernizar o visual dos meus personagens, fez as inserções e recortes necessários nos cenários das estórias, para simplificar para mim o uso do *software* de imagem digital. Também parceiro nas ações solidárias.

Dois filhos que se destacam pela incrível paciência, diria até mesmo, resiliência em estarem ao meu lado, enquanto aprendiz de mundo quase insondável, de *softwares* de edição de imagem, de vídeo, plataformas de hospedagem, gestão de conteúdo e que tais. Nesse percurso, tenho no Francisco algo semelhante a um decifrador de manuais, encantador de impressoras e gestor de serenidade.

***

Lembro-me bem do ano em que foi concebida e desenvolvida a ideia do novo site, com gerenciamento direto: 2014.

Que ano!

Ainda em janeiro, decidimos sair da vida caótica de São Paulo. Francisco pesquisou cidades próximas e programamos visitas a algumas delas. Indaiatuba foi a primeira. Foi amor à primeira vista.

Cidade limpa, bem cuidada, com um parque ecológico de tirar o fôlego. Visitamos alguns apartamentos, em três condomínios. À noite, no hotel, decidimos cancelar as visitas nas outras cidades e investir na compra de um apartamento, já mobiliado, moderno, amplo, cheio de luz, com uma varanda, de frente para o parque ecológico, que nos cativou. Compra decidida. Mas a mudança ocorreu somente no segundo semestre.

Realmente, foi um ano de intensidades!

Um agravamento "de senões" gastrointestinais, exigiram duas cirurgias em um intervalo de dois meses. Em fevereiro, realizei a primeira cirurgia, em abril, a segunda, e até o final de maio, passei por uma recuperação lenta e dolorida. Nesse processo, tive que parar com a medicação estabilizadora do humor, em uma fase de simples manutenção. E a interrupção que era temporária, ficou permanente. Conhecer a doença, lidar com os sintomas, afastar-me dos gatilhos estressores foram alguns dos fatores que permitiram essa minha decisão, tomada com aval dos médicos.

Em meados de junho, com a mudança programada para início de agosto, viajamos para a cidade do Porto, em Portugal. Duas semanas depois, para a Ilha da

Madeira, onde ficamos um mês hospedados em um apartamento frente ao mar, perto de onde mora o mano Carioca, quando está na Madeira. Mesmo com meu tradicional otimismo, com a alegria de encontros familiares e a preciosidade da paisagem, havia algo falho na recuperação das cirurgias, permeado de cansaços e pequenos senões.

Nem por isso deixei de aproveitar o passeio. Paisagens incríveis e muitas fotos com os bonecos dos personagens que haviam lotado minha mala! Precisava apresentá-los para o mano Carioca! Trocamos ideias sobre minhas estórias. Demos muita risada. O boneco do personagem Chida, na forma de um polígono esticado, foi devidamente apresentado ao seu inspirador!

Por sugestão do Caetano, em plena atividade com meu novo site, pedi para meu irmão desenhar cenários personalizados para minhas histórias.

Foram momentos prazerosos e divertidos, imaginando o mapa da Floresta dos Rolls, com seus locais diferentes. Surgiram ali, entre lembranças de aventuras da nossa infância, os primeiros esboços de Regolish, Biblioteca, os recantos Mágico, do Sol e o Canto Sombrio.

Como diz alguma lembrança musical, voltei ao Brasil, "*com a alma repleta de sonhos*" e a cabeça com milhares de novas aventuras.

Chegamos no tempo justo para assinar a escritura do novo apartamento, providenciar faxina e nos preparar para, no dia 6 de agosto, aniversário de casamento, entrar com nossa bagagem! Champanhe e salgadinhos! Brindando as conquistas: 26 anos de casados, nova morada, novo semestre!

Mas como já disse, 2014 foi intenso... e nem tudo que se planeja acontece...

Surge o projeto e a metodologia Socioeducativa das Estórias Diferentes

O ano de 2014 poderia ser facilmente descrito como minha vida é - uma aventura permanente...

Com as malas prontas, fui dormir naquela noite com a ânsia de mudar para Indaiatuba no dia seguinte. Lembro-me sempre do dia 5 de agosto de 1988 – dia da expectativa... será que vai dar em algo? Vinte e seis anos depois, agora com a perspectiva de desfrutarmos ainda mais a vida, em uma bela cidade.

Acordei estranha. Parecia estar no meio dos "*temblores*" chilenos (prenúncios de um terremoto). Só que o mais estranho ainda, é que o "*temblor*" era interno. Tentei me levantar da cama e não consegui.

A comemoração de nossos 26 anos de casados deu-se no hospital. Aquelas indisposições durante a viagem, eram na verdade, o prenúncio de uma infecção renal. Agora, galopando para septicemia. Foram alguns dias de internação, nos quais, junto com a destreza dos médicos, contei com a reação do meu organismo e a eficácia das medicações.

Dessa vez, o tapete foi ao chão. O imaginário deu lugar às lembranças e no desconforto do tratamento, a finitude foi se fazendo presente.

Viajei por intrincadas memórias da minha infância e juventude. Decidi que, saindo daquele "*imbróglio*" (algo que é complicado) resgataria os vínculos que significaram tanto na minha vida.

***

Chegamos a Indaiatuba, quase um mês depois. Cidade ensolarada, pôr do sol maravilhoso, garças e patos disputando espaço no córrego do parque Ecológico. Posso afirmar que nossa chegada foi memorável, pois o inesperado bateu à nossa porta.

Estávamos prontos para, finalmente, desfrutarmos do primeiro pôr do sol na varanda quando, inexplicavelmente, com rajadas de vento em aumento, o tempo mudou drasticamente. Passamos nossa primeira noite, sem luz (sem velas!!!), com a companhia de ventos e chuva tão fortes que o apartamento começou a alagar. Do sol maravilhoso à chuva, de repente, entrava água por todo canto, pelas frestas das janelas, pelas portas das varandas. Um caos absoluto! E o vento... assobiando.

Naquela hora, senti-me dentro do cenário do filme *Morro dos Ventos Uivantes*. Rodo, vassoura, pano de chão, até toalhas de banho foram coadjuvantes frenéticos na empreitada de não precisarmos de barco no 11° andar do prédio...

Fomos dormir exaustos, com aquela sensação de insegurança... será que seria sempre assim?!

Ainda bem que foi somente uma brincadeira do tempo para nos receber e que não mais se repetiu. Nesses anos por aqui, descobrimos noites de lua cheia poderosa, flores inigualáveis, entardecer com matizes no céu...

Depois dessa chegada atrasada e conturbada, pude finalmente retomar minha vida.

Garimpei dia a dia, antigos contatos e reencontrei colegas da época de Passo Fundo. Que dificuldade! Os nomes de solteira desapareceram em sua maioria; como vou encontrá-las? Nesse vai e vem, algumas me descobriram antes...

O primeiro encontro, em 2015, foi inesquecível. Três dias intensos em Passo Fundo, com visita ao Colégio Notre Dame, almoço na chácara das Irmãs, passeios pela cidade. Desde então, pequenos encontros, e a amizade fortalecida. As comemorações tornaram-se anuais – temáticas, diversificando cidades!

Hoje, temos o grupo *"Geração 68 – Passo Fundo"*, que se encontra virtualmente nas redes sociais. Emociono-me com o rápido resgate da cumplicidade entre amigas, das vívidas memórias dos tempos de escola, das brincadeiras e sentimentos de agora. Com certeza valem um livro! Que festas! Criativas, alegres, leves!

Ampliei o resgate dos meus afetos e consegui me reunir com primos paternos e maternos. Reencontrar as primas Oliveiras foi a realização de um sonho, pois não as via desde a infância. Sou a caçula entre elas. O único contato que mantive na época de faculdade, como já relatei, foi com a Yeda e Clóvis Berau - referências de solidariedade.

***

No início de 2015, finalizei e lancei o novo site que vinha sendo gestado há quase um ano. Foi estruturado pelo filho Caetano – escolha de formato, cores, tipo de letras, cuidados com o visual e facilidade de editoração.

Personagens modernizados pelas mãos do

filho Chico, em um divertido processo de escolher novos cabelos, tons de cores dos "meus pequenos". Os cenários, exclusivos, ficaram incríveis – Mano Carioca projetou os ambientes mágicos das florestas encantadas da minha infância.

O lançamento foi feito no dia 11 de fevereiro, data do aniversário do mano Zeca, que está presente em várias das minhas estórias, fruto de memórias de nossa infância e das suas brincadeiras criativas.

***

Há dois fatos que ocorreram em paralelo e que proporcionaram uma enorme mudança na minha vida:

O primeiro, fui convidada pela Cecilia Cruz Villares, da Associação Brasileira de Familiares, Amigos e Portadores de Esquizofrenia (ABRE) para participar na formação de um grupo de palestrantes, fruto de uma parceria com Richard Weingarten – jornalista, educador e ativista de saúde mental norte-americano que desenvolveu um formato de apresentação a partir de sua própria experiência de recuperação, inspirado pelo Movimento de Recovery nos EUA, na década de 90.

Formamos, em São Paulo, a primeira equipe da *Comunidade de Fala – Contando nossas Histórias*. Foram 10 participantes, todos com alguma patologia na área de saúde mental. As palestras são feitas em duplas, com seis segmentos e com interação da plateia em cada parte. Os apresentadores rompem estigmas de incapacidade e tornam-se pessoas com habilidades, vocações, predileções e sonhos – exemplos de esperança.

Mais que participar das palestras, o contato com o grupo permitiu-me ampliar a visão sobre a doença mental. Conheci pessoas com esquizofrenia, TOC e outras patologias – que aprendizado de vida!

Convivência entre os diferentes sentimentos e reações. Resiliência coletiva!

Tive que abrir mão das palestras e encontros, pela dificuldade de locomoção para São Paulo. Apesar disso, o curso e a convivência com o grupo e seus idealizadores me permitiu um crescimento exponencial como pessoa.

As pessoas com algum tipo ou grau de deficiência mental são especialistas em suas próprias doenças. Sabem melhor do que ninguém o que funcionou e o que não funcionou. Um dos itens da apresentação que se intitulava "*Nós somos o sujeito de nossa própria história*", fez todo o sentido, incorporou-se de vez na minha vida e refletiu no meu trabalho. O empoderamento deu-se de forma clara e nítida.

Através das Estórias Diferentes, dou voz às crianças com dificuldades de expressar sentimentos e colaboro com a compreensão e fixação pedagógica.

O segundo fato marcante se deu na retomada das amizades de infância – a aproximação com duas colegas. Estudamos juntas, tomamos caminhos diferentes e, ainda assim, a afinidade estava ali, latente.

Uma delas, a Sirlei França Cardoso, lembro-me até hoje... recebeu-me em Passo Fundo com um abraço apertado. Aquele toque fraterno que elimina, no ato, a distância do tempo, provoca *flashes* de lembranças e tumultua o coração... brincadeiras na praça, pique esconde embaixo de uma estátua de águia em bronze... nossa, quantos segredos, quantas memórias!

A outra, a Maria Lúcia Annes Duarte, colega que tem, por assim dizer, a empatia desde a alma e a cumplicidade dos tempos de teatro escolar. Temos distintas linguagens frente à vida, ainda assim, a mesma solidariedade para com os oprimidos e igual tenacidade na luta pela inclusão. De nós três, foi a que seguiu firmemente no caminho da educação infantil.

Através delas, comprovei a eficácia prática das minhas estórias:a possibilidade de saltar do conteúdo lúdico da floresta encantada, para a realidade pedagógica.

***

Se 2014 foi um marco na minha vida, 2016 foi um marco para as Estórias Diferentes.

No primeiro semestre, através da indicação da Sirlei, conheci, no Colégio Estadual Fagundes dos Reis de Passo Fundo, a professora Rosamaria Azeredo, especializada na Língua Brasileira de Sinais (LIBRAS).

Interagi, durante dois dias, com uma classe de crianças com deficiência auditiva, a maioria delas, com comorbidades. A professora traduziu minhas estórias, com apresentação visual dos cenários e personagens. O ápice do evento foi a brincadeira com os bonecos de feltro e a interpretação dos sentimentos.

Destaco três momentos dessa visita: a beleza da

integração dessas crianças com os demais alunos, na hora do recreio, onde havia uma parede imensa, com os sinais de LIBRAS pintados; a aceitação das minhas estórias e a integração com os bonecos, em diferentes classes, com crianças extremamente alegres e agitadas; por último, a postura das professoras, ávidas por informação, querendo solucionar situações problemáticas, sem queixumes ou desajustes. Acolhimento puro.

No segundo semestre, a partir da convicção da Maria Lúcia de que minhas histórias auxiliariam a compreensão do conteúdo didático na sua classe de crianças com deficiência intelectual e mental, desenvolvi o projeto "Conhecendo o Rio Grande do Sul com novos amigos".

O trabalho foi realizado no Colégio Estadual Plácido de Castro, em Porto Alegre com os alunos da Maria Lúcia, do 5° ano, com a coparticipação da professora Isabel Coelho, do 2° ano. Houve um aprendizado coletivo sobre saúde mental, práticas pedagógicas e inovações tecnológicas.

Um período recheado de risadas e brincadeiras. A Maria Lúcia é uma contadora de "causos gauchescos" inigualável. Seu total desconhecimento das novas tecnologias foi resolvido pelo jeito bonachão de encarar as dificuldades.

Imprimi um caderno com a apresentação do universo da Floresta Encantada e seus personagens. Cenários e personagens coloridos.

O início da aventura interativa - um convite para uma viagem mágica, onde os "pequenos de Regolish" conheceriam o Rio Grande do Sul, regiões, cidades e características geográficas ou culturais, através da apresentação dos alunos.

Durante dois meses, eles trabalharam em atividades de pesquisa, interagindo com material criado com os desenhos dos personagens – palavras cruzadas, ligar pontos, completar palavras etc.

Uma vez, a cada 15 dias, encontros através de aplicativo de chamada de som e vídeo: eu, aqui de casa, com meus bonecos; as crianças reunidas no Laboratório de Informática da escola, disputando espaço, felizes, irrequietas.

Mesmo com dificuldade de conexão, a experiência superou todas as expectativas. Que alegria! Que satisfação o encontro das crianças com "a autora" como me chamavam! Conheceram os bonecos dos personagens, dialogavam com eles, cada qual contando suas aventuras.

Até hoje, impressiona-me um relato da Maria Lúcia.

Uma aluna autista, incomodada com o barulho do colega, repetida e insistentemente aos gritos, mandava-o parar. O colega barulhento, *borderline* (transtorno de personalidade limítrofe), enfureceu-se e pegou um pedaço de pau para matá-la.

Ninguém na escola estava preparado para lidar com uma situação de confronto entre essas crianças, grandes e descontroladas, que causavam pânicos nos demais. Sabia-se do diagnóstico de forma burocrática, pelos papéis da matrícula. Na realidade, nem mesmo sabia-se como lidar, no dia a dia, com essa classe de crianças com deficiência mental ou intelectual.

Escutei atônita, como foi solucionado, já que a solução para a maioria da direção e professores era chamar a polícia. Ela tentou de outro jeito e, simplesmente, aproximou-se lentamente, do aluno armado com o pedaço de pau, caminhando pausadamente, a voz calma, transmitindo serenidade, perguntou se podia abraçá-lo.

No abraço, convidou-o para rezar um *Pai Nosso* com ela. Enquanto isso, outras professoras conseguiram acalmar a jovem autista e a retiraram do recinto. Deu certo – mas poderia ter sido uma tragédia... Para a Maria Lúcia, em sua religiosidade, foram as orações que ajudaram. Para mim, foi muito mais o efeito do afeto sólido de uma professora e mãe. Talvez, até tenha sido um conjunto de fatores, naquele momento.

A dinâmica desse período expôs o desafio diário dessas professoras que lidam com a falta de informação e formação para essas classes de alunos com deficiência, agravado pela falta de material e recursos.

Esses alunos, com todas suas dificuldades, prepararam uma Feira Literária e formataram um livro dentro do universo das Estórias Diferentes, sobre o Rio Grande do Sul!

Em outubro, realizou-se um evento presencial, de dois dias, na escola. O encontro teve apresentações e brincadeiras com os personagens. Passeios e trabalho sobre sentimentos e comunicação, através de teatro e atividades. A finalização foi a publicação de um pequeno livro, de cada aluno.

Aprecio, a cada dia, da minha varanda, o entardecer. Cenário magnífico. Até tiro fotos, mas elas não fazem jus ao que ocorre ali, os tons do céu, a despedida do sol... É exatamente essa a sensação que tenho, quando descrevo a experiência de Interatividade com a turma da Maria Lúcia.

Não há como retratar o brilho no olhar de cada um deles, assim como não conseguiria captar completamente a emoção. Ainda bem que tenho fotos e vídeos que documentam e me repassam um pouco daquele sentimento que envolveu a todos nessa vivência.

As Estórias Diferentes introduziram os desafios do cotidiano infantil de forma lúdica, colaborando na fixação dos conteúdos. Incorporaram o espírito de equipe e solidariedade, a espontaneidade e criatividade, e romperam a rigidez do ensino convencional.

Foram muito mais adiante do planejamento pedagógico – prepararam apresentações folclóricas, onde cada aluno desenhou o personagem com que mais se identificou e, pasmem! Criaram versos de "rap" como se estivessem conversando com os "amigos"!

Foi incrível minha chegada à escola: *"Olhem, a autora chegou, a autora chegou"!* Estávamos todos cheios de expectativas e ansiosos. Mas fomos dominados pelo universo mágico de um mundo encantado, de tal forma, que eu havia planejado editar um livro com uma pequena parte de cada aluno, mas não consegui.

Tive que fazer um livro para cada um deles, apresentando todo o trabalho feito. Era necessário homenagear aquele esforço. Filho Chico ficou um final de semana esticado comigo, trabalhando na edição dos livros. Até hoje, recebo notícias.

Alguns deles ainda carregam, na mochila, o livro com seu nome, como autor. Uma linda forma de empoderamento...

Desde o êxito da experiência em Porto Alegre, percebi que posso fazer a diferença.

Meu trabalho, através das estórias, é a fusão da magia com a realidade. Situações reais abordadas de uma forma lúdica, tornam mais suave o processo de aprendizado e facilitam a comunicação dos sentimentos infantis, independentemente das que têm ou não, alguma deficiência mental.

Especialistas da área afirmam que diagnósticos em crianças, se fazem com lápis e a borracha ao lado, não se pode simplesmente rotulá-los e agravar o estigma para com as diferenças.

Todo esse processo de aprendizado, de geração de novas ideias, muitos contatos, foram ampliando as possibilidades de trabalho. Algumas vontades inexequíveis, múltiplas possibilidades... Como abranger o maior número de crianças, sem o desgaste e o limite de ações individualizadas? Como sair de atividades presenciais diminutas, para interagir de uma forma mais ampla?

***

Nesse redemoinho de reflexões, quis escutar uma pessoa que tenho como referência na área de inclusão que se destaca pelo profissionalismo e rigor acadêmico. Na realidade, também a coloco na categoria de maga – pela generosidade. Uma amiga desde sempre. Lembro-me nitidamente de seu olhar de apoio, de seu abraço de acolhimento, lá nos anos 90, quando eu ainda andava perdida nas descobertas de que de "ET" nada tinha – era uma terráquea precisando de tratamento.

Consegui encontrar uma brecha na agenda carregada da Marta Gil. Nos reunimos em um local improvisado, eu precisava contar-lhe sobre o que pretendia fazer.

Nesse encontro, percebi o potencial do meu trabalho e, principalmente, o que faltava explicar sobre o conteúdo das estórias que venho desenvolvendo. E mais – o necessário cuidado na denominação de situações ou expressões (*portador ou usuário; necessidades especiais ou com deficiência; transtorno do humor ou transtorno afetivo*). Foi um encontro rápido – mas que teve o impacto, uma vez mais, de uma *mutação* interna.

A partir daí, entre superação de novos senões físicos e viagens incríveis, fui delineando as possibilidades de ser Cristina na plenitude – desnudando a alma através das estórias, traduzindo sentimentos na voltagem muito própria de quem se achava uma "ET", com rápida identificação no mundo infantil, traduzindo seus sentimentos, muitas vezes "travados" na realidade do cotidiano, mas liberados através de um mundo encantado.

Dizem que a dança dos dervixes (sufistas islâmicos), permite um contato com o divino. Não ouso comparações com o divino, porém, através das estórias, chego ao mundo muito próprio e mágico dos pensamentos infantis.

***

No maravilhoso intrincado das relações de

amizade, cheguei à Central de Escritores, onde conheci a empática Rose Lira. Foi assim que percebi a necessidade de esclarecer o que dá embasamento para meu trabalho. Quem é a Cristina – a das estórias diferentes?

Formatamos uma narrativa autobiográfica. Desde então, diverti-me no emaranhando de palavras e parágrafos que pincelam minha história, reavivando momentos, ordenando sentimentos.

Ao escrever este livro, ordenei pensamento, reagrupei memórias, vivenciei emoções e reconectei pessoas maravilhosas.

Aquela magia que entrelaça minhas estórias e seus pequenos; vai ocorrendo no dia a dia, a cada capítulo, na minha própria realidade. Pratico o *Esperançar.*

E o vazio que carregava comigo, pela ausência da militância política ou participação no voluntariado, vai se preenchendo. Dei-me conta que meu sonho transformador de mundo se dá hoje, na plenitude, através do meu trabalho.

EPÍLOGO

Essa narrativa não se encerra por aqui. Há, com certeza, uma continuidade. Mas tenho que encarar as sequelas da trajetória que tive como "ET" ou terráquea, com tantos embates e "*ops*" físicos.

Um novo desafio se apresenta – é difícil ficar sentada no computador; há dores físicas, impedimentos digestivos, perda de memória, a fragilidade própria da idade.

Contudo, recuso-me a ser vítima! Na medida que reajo, amplia-se o horizonte das possibilidades. Escrever para mim, é deleite puro. Imagino-me discorrendo sobre vários temas...

O envelhecer e uma nova visão do papel do velho na sociedade de hoje.

Solidão – é algo triste ou uma bênção para descansar?

Como encarar, no cotidiano, os senões físicos e lidar com eles, incorporando novas formas de atitudes ou mensuração do tempo?

Uma velha mãe – nos dias de hoje, significa o quê, exatamente?

Que ideia de avó passarei para meus netos? Qual legado?

Enquanto pondero sobre as várias perspectivas – uma certeza: o trabalho cidadão, voluntário, faz parte da minha vida. Constatei que as Estórias Diferentes podem contribuir na minha área de ação – educação e saúde mental.

Convido você, que conheceu um tantinho da minha história, a desvendar, através do meu site, as Estórias Diferentes...

Estórias... como o próprio nome indica – Diferentes: aventuras, magias e viagens, sob o olhar infantil; focado nas suas percepções, sentimentos ou desafios, muitas vezes imperceptíveis aos adultos, porém de enorme dimensão para as crianças; principalmente para aquelas que apresentam dificuldades no aprendizado ou relacionadas à saúde mental. As estórias facilitam a comunicação entre a criança e os adultos.

O site é um espaço ficcional com cenários exclusivos, que permite o desenrolar de um sem fim de contos, através de locais mágicos. Na floresta, que é encantada, há locais diferenciados como a Biblioteca – espaço que incentiva leitura, o Canto Sombrio onde a adversidade se apresenta ou Regolish – vila onde vivem as crianças, mais conhecidas como "pequenos" e suas famílias.

Na parte da Floresta dos Rolls, as aventuras, brincadeiras e conversas desse lugar tratam daqueles sentimentos que todos têm e, muitas vezes, escondem por vergonha, medo, ou "sei lá o quê".

O segmento das Viagens do Teo, retrata o olhar de uma criança, sua percepção e dificuldades no que acontece à sua volta, em passeios e viagens. Descritivo de locais visitados sob a ótica infantil.

Na Interatividade, há a fusão da magia com a realidade. Situações reais abordadas de uma forma lúdica, tornam mais suave o processo de aprendizado, fixação de conteúdo e facilitam a expressão das emoções. Aqui, os personagens saltam do universo mágico das Estórias Diferentes, para o mundo real. Pode ter material para suporte nas brincadeiras interativas – máscaras dos sentimentos, bonecos de feltro, exercícios pedagógicos etc.

É um site para crianças. Com aventuras que podem ser lidas por elas, ou por adultos – para elas.

Um site que chama a atenção dos adultos para que escutem e percebam a criança. Cada personagem tem características próprias e incorpora uma forma de reagir no dia a dia. Uns, com dificuldades efetivas, outros, com falta de limites. Há a interação entre eles, abordando temas como solidariedade, empatia e inclusão.

Todo e qualquer conto pode ser adaptado, dirigido a uma determinada situação e poderá ser utilizado em escolas, associações, ou até mesmo, consultórios, para aproximar adultos e crianças.

Procuro desenvolver, a cada dia, novas formas de contar as histórias: dando movimento às imagens, utilizando vídeos. O "narrar" exige entonação e gestual muito próprio.

A validação desse trabalho se dá no olhar de identificação e cumplicidade das crianças. No saber que, anos depois, eles lembram, citam e o mais importante, se identificam com os "pequenos" de Regolish, lá da Floresta dos Rolls.

CONTATOS

Site:
www.estoriasdiferentes.com.br
Facebook:
https://www.facebook.com/EstoriasDiferentes
Linkedin:
https://www.linkedin.com/in/estoriasdiferentes
E-mail:
contato@estoriasdiferentes.com.br

VERMELHO MARINHO

Este livro foi impresso em primeira edição pela Editora Vermelho Marinho em janeiro de 2021.